生命，
因家庭而大好！

帶孩子遊觀光工廠

×玩創意×說故事

小豌豆玩樂隊／著

- 許新旺陶瓷紀念博物館
- 茶山房肥皂文化體驗館

- 郭元益糕餅博物館 & 綠標生活館
- 巧克力共和國
- 東和音樂體驗館

- 金良興磚廠
- 國泰玻璃工廠

- 味噌釀造文化館
- 老樹根魔法木工坊
- 台灣氣球博物館

- 橘之鄉蜜餞形象館
- 蠟藝彩繪館

- 中興穀堡

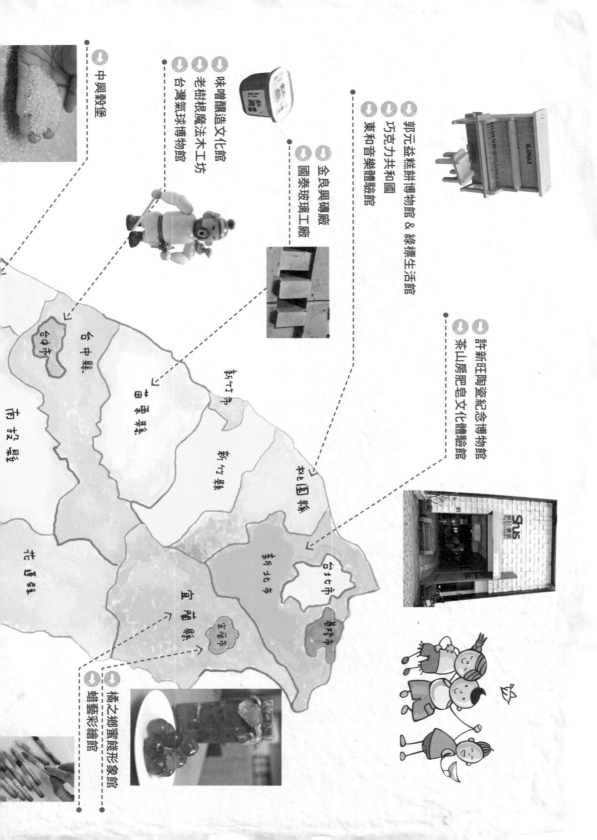

興隆毛巾觀光工廠
嘉義市
嘉義縣
和菓森林紅茶莊園
光遠燈籠觀光工廠
廣興紙寮
車埕木業展示館
台南縣
高雄縣
台東縣
台南市
屏東縣
高雄市
三和瓦窯
板陶窯交趾剪黏工藝園區

走訪20家觀光工廠，親子邊說故事邊旅行！

來聽爸媽說吃的玩的賞的舊產業的故事，
這是一趟有溫度的時光之旅……
舊的串起新的，新的玩出奔放的創意火花，
邊玩、邊學、邊體驗，
跟著爸媽的童玩記憶去旅行！

味蕾感動，藏著一段甜蜜時光

——回到兒時的香味記憶，重溫精采片刻

你知道味噌是怎麼做成的？
稻米從生長到收成，
經過怎樣的流程？
蜜餞「鹹酸甜」的熟成滋味，
經過多少時光的催化？
巧克力的甜蜜滋味，
喚起親子相疊的味蕾記憶；
傳統餅香融合新舊思維，
從製作模具到製餅技法，
藏著濃濃的樸實真味……
食物與情感的連結，
總是這麼甜蜜而深刻！
帶孩子在味覺裡探索，
築起親子共同的回憶片段……

古舊玩意，牽動親子兩代情感

——動動手來玩囉！天馬行空玩出創意想像

水里如何與起木業？

輕飄飄的氣球和用來塗鴉的蠟筆各是怎麼做出來的？

古早味燈籠漂亮極了，自己來做一個吧！

妝點在廟宇飛簷椽柱上的交趾陶精巧美麗，

帶著孩子盡情彩繪一番，

大玩配色遊戲！

親子間的玩樂記憶，

因為大手牽小手親身體驗，

作了最美的世代串聯。

活動及節慶佈置
Decorative activities

傳產新貌，演繹在地特色&產業故事

——舊產業傳承舊感情，舊產業說舊故事

鶯歌為何發展陶瓷業？
埔里為何是「手工紙的故鄉」？
古早的手工肥皂與現今的化學肥皂有何不同？
古樸的紅磚瓦窯是如何燒製的？
毛巾只有實用功能嗎？
做成各種可愛飾品也討人喜愛極了！
大小朋友透過對傳產的認識與親身體驗，
從中了解產業背後對傳統技法的堅持、
對環境和土地的情感、回歸自然簡樸的生活態度，
以及力求突破、找到生機的創新故事。

福
春

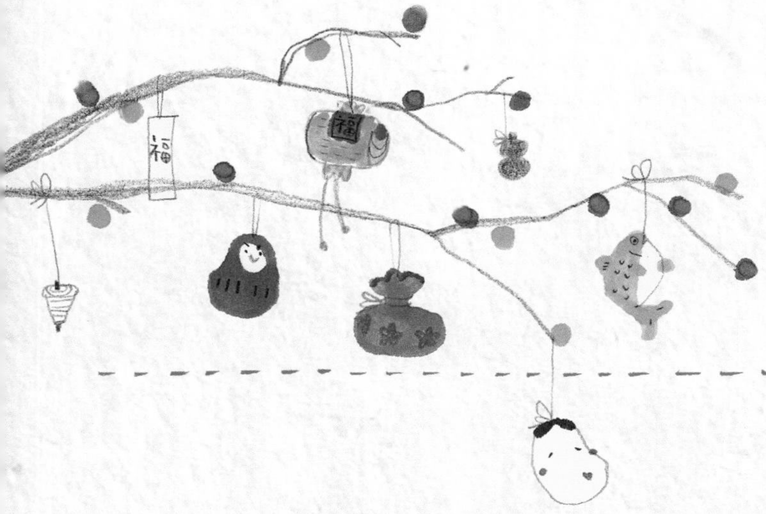

目錄

PART 2

遊藝・童玩

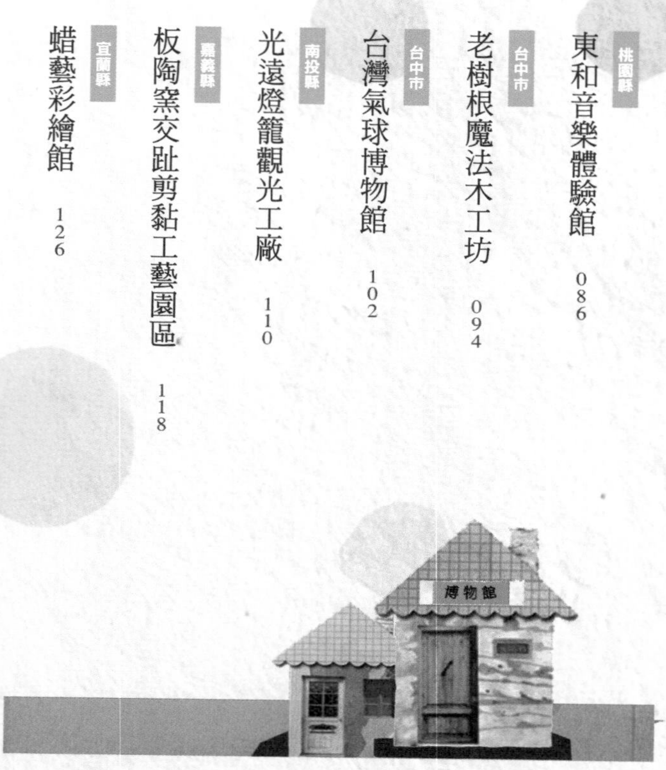

PART 3

傳產・新意

推薦序

爲什麼去「工廠」觀光?!

五觀藝術總監／桂雅文

爲什麼要去工廠觀光；因為，「觀光」有機會激發人深一層次的心智活動，人生體悟，也可能發生！

父母老師帶小朋友外出校外教學參觀博物館，會使得孩子變聰明、變得有氣質嗎？答案：「是」，不過立刻改變是不可能的，必須潛移默化，由日常的環境因素啟動。愛讀書的家庭，容易培養視書本為朋友的孩子；就如同拉小提琴的媽媽，孩子也不意外將小提琴當作玩具。而最自然、也更容易培養出紳士與淑女的方式，就是給予孩子耳濡目染的陪伴，「我們在一

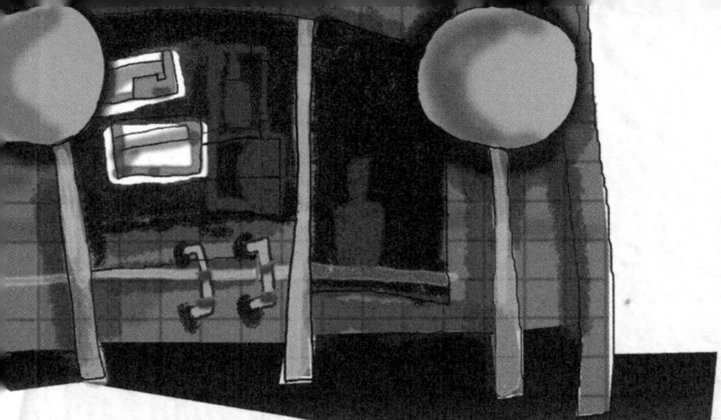

起」比什麼都重要！

說穿了，常常帶孩子接觸善知識、美的訊息，正是父母最足以自信自傲的做法；相信，在孩子心田種下的種子，一兩個便足以陪伴他一生的信念，比如：專注力、觀察力、欣賞力、創造力，或者想像力！

參觀「觀光工廠」是近幾年熱門的主題旅行；對它的認知，可以回溯我在一九九〇～一九九三年間服務於生產力中心時，首開眼界。當時我負責「Made in Taiwan」台灣製造的品質意識宣導，推動國人將任何一件出口產品「用心做好」的觀念；馬馬虎虎的商品一旦賣到全世界，可是盡失台灣人的裡子，而品質優、贏得讚賞商品則能讓大家有面子。

你是否聽過「品質看得見，過程是關鍵」這句Slogan，當時就是我所發想的點子；那是一個「拚！拚！拚！」，換得台灣錢淹腳目的時代。

從當時起，「參觀工廠」便成了我工作的家常便飯，參觀的產品線體積大至如經國號戰機，小至如雄獅鉛筆都有。也才知道，在肯尼士網球品管部門上班的員工，因為得能忍受試球力所引發的極大噪音，所以必須由聲障者來擔任；和成衛浴是做釀缸起家的，猶如生活現代化發展史的一代代產品系列，一直被放在辦公大樓的屋頂保留著；走進南僑化工廠，才明瞭原來水晶肥皂是煮出來的，蒸氣達到沸點時，會有純白氣體四溢，大霧之中恍若蒸

汽火車迎面行駛而來，現場的感受令人震撼。再連結到小時候的記憶，和同學手牽手，老師帶我們到養樂多工廠參觀、喝到飽的過癮體驗……小小年紀隱約知道這些過程有意思到應該有許多學問在裡面。

這些經驗影響我之深……留美時碩士論文寫的便是產業博物館，研究一個企業或是一家工廠，如何開放自己的製作過程、說一說成長的故事，這類博物館叫做「企業博物館」（Company Museum）。這樣的博物館，有著快速簡捷的節奏，功能如同企業最佳公關簡報室；若追求深一層教育使命的話，和創辦一座博物館同等費功夫。當時由於研究所需，曾親訪福特汽車公司博物館、百威啤酒博物館、可口可樂世界、M&M巧克力博物館、芝加哥論壇報……驅車在全美國東奔西跑，將這些瘋狂行腳寫入我與博物館的相遇，因而產生第一本書《愛上博物館》。

意外又榮幸，受邀為《帶孩子遊觀光工廠×玩創意×說故事》寫推薦文，因此，翻開我存放腦海裡裝載著許多記憶的盒子。台灣這十多年來，許多企業漸漸從品牌建立出發，也洞悉到靠著銷售只是一時的，藉由教育推廣新客層、使人人成為挑剔品質的生活用品鑑賞家，才是長遠之道。例如，在購買牙刷前，因為參觀了牙刷工廠，更知道如何選購一支小小的牙刷，也獲得正確的刷牙知識；因為了解怎麼刷牙，身體健康也改善了。

如果我們藉由和家人共度週末假期，選擇到觀光工廠走走，能讓孩子輕鬆學習、寓教於樂；讓孩子在生活中慣性地使用一件小小物品，從沒感覺或不知道，到了解而能分辨細節、得知製作原料、明白如此設計的理由、甚至懂得惜物，那才真的能夠增進生活品質，享受格物致知的幸福。

吉祥
好運
願心

PART 1

食味記憶

古早與現代合體的食味記憶，

要傳承給下一代的，

不僅是食物美好的滋味，

還有那一份堅持保留傳統、

妥善利用上天所賜予大地糧食的精神。

父母的古早味，孩子的新鮮味

許多重現古早味飲食文化、堅持傳統手工製法的觀光工廠，儼然成為親子間美食記憶的橋樑，扮演著重啟記憶與味覺連結的重要角色。因此可說，遊觀光工廠是一趟重返時光之旅，讓親子間產生新鮮的體驗共鳴。

你是否還記得兒時，跟著鄰家玩伴拿著家中的鍋碗瓢盆，盛著白米，一整列排在爆米香的小攤旁，輪流將自家特調的穀物送入壓力烘烤爐裡，然後，等著爆米香師傅喊聲「爆米香喔！」，大伙兒急忙摀起耳朵，盯著白煙升起、米香出爐，一旁煮得滾燙的糖漿，迅速拌入大盆，師傅熟練地壓平裁切爆米香，那份充滿著香甜氣味的回憶？

當熟悉的味道撲鼻而來、許久未見的食物重現眼前；當古早味覺醒了兒時的回憶，已經身為爸媽的我們，該怎麼跟孩子描述，在早年物資缺乏的時代，那些如今看似不起眼、或隨手可得的食品、零嘴，是如何讓當時的孩童們，不惜冒著挨揍的風險，都要偷偷挖一角、捏一口放進嘴裡，才心滿意足地綻開笑容。

當今物資豐富，孩子要吃什麼零食飲料都有，種類多到令人眼花撩亂。隨著時代變遷，早年樸實的美食記憶已不復見：街角賣著枝仔冰、芒果乾、金柑仔糖的「柑仔店」——孩子童年挖掘食物的寶庫，早已被一家家的便利超商所取代；以往傳統市場裡作糕餅糖果、米食醬料的老店，也多數不敵現代化大量生產的工廠而陸續關起大門；孩提時駐足圍觀糕、餅、粿、糖起灶、出爐的景象早已不在，等候爆米香砰地一聲的驚喜，還有引頸期盼賣麥芽糖、麵茶小推車經過的心情，也沒了著落，這不免讓人感覺些許悵然。每當回首童年往事與那令人想念的滋味時，總少了一些精采片刻。

重啓記憶與味覺的連結

許多重現古早味飲食文化、堅持傳統手工製法的觀光工廠，如今儼然成為親子間美食記憶的橋樑，扮演著重啟記憶與味覺連結的重要角色。爸媽帶孩子

味噌釀造文化館
一座味噌觀光工廠
天然熟成
味噌
醬油
営業中
いらっしゃいませ
招

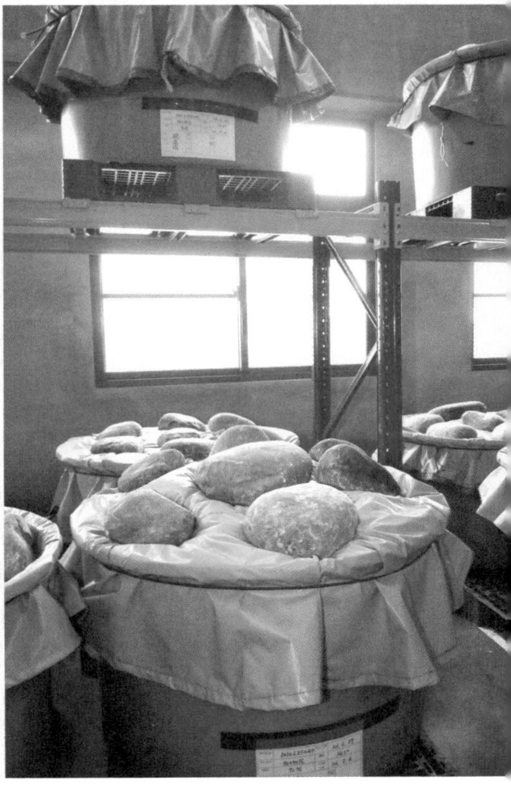

走一趟觀光工廠，可參觀到饒富趣味與新奇的製作過程，有些甚至連大人們也未曾見識。如此，一趟重返時光的記憶之旅，更能讓父母與孩子們產生新鮮體驗的共鳴。

古早與現代合體的食味記憶，要傳承給下一代的，不僅是食物美好的滋味，還有那一份堅持保留傳統、妥善利用上天所賜予大地糧食的精神，讓孩童們懂得珍惜每一種食物，了解一切來之不易，進一步體恤農民不分晴雨栽種植物、料理師傅按部就班調理食物的辛勞心情。

爆米香這行業，偶爾還能在街頭瞥見，只是父母與孩子連結的感受，可能已經大大不同。就如同本書「食味記憶」單元，就是要重啟兩代之間對於食物、味覺的認同，透過共同體驗與親手操作，進而創造出親子間共有的回憶。

飯從哪兒來？米香新體會

米飯是我們天天接觸得到的食品，來一趟中興穀堡稻米博物館，不但能讓親子從頭到尾了解稻米的生產過程，還能知道從古迄今，農人是利用哪些器具收成稻米、輾成白米，又是如何儲藏、利用稻米，並且見識各品種的稻米作物；更重要的是，透過參與博物館DIY的課程，爸爸媽媽可以跟小朋友一同體驗當年「爆米香」的趣味，讓小朋友了解壓力與熱力可以改

5小隊
A：目前尚無此類研究報告，所以聯米企業透過這2畝田進行3年的研究。
A：是的，並不相同因為來源不同的有機質原料，營養成分及所含的微量元素亦不相同。
A：水稻目前細化以2次為原則，細化不夠稻子的根很難吸收到土壤內營養成分，太細化又會阻絕空氣進入泥土，根系生長不好，亦會造成根的吸收能力不佳。
A：植物的葉片需要呼吸空氣進行光合作用，如果長時間沒接觸到空氣就會窒息而死。水稻田保持水位，當雜草長高時水位也隨著增高，雜草的葉面接觸不到空氣而達到除草效果。
A：利用辣椒粉和胡椒粉強烈刺激性，噴灑在稻田裡產生忌避作用，讓這些害蟲接近時，因環境不佳而飛走，達到病蟲害的防治。
A：無機質(土壤)或有機質(植物或動物殘體)都必須經過分解作用，使可吸收的營養元素在土壤中呈現出游離狀態，植物的根才能吸收到其所需要的養分。
A：土壤經耕耘機鬆土稱為細化鬆土(翻土)次數越多土壤會越細化。
A：
(1)絕大部分由土壤母質經土壤風化作用
(2)植物的根分泌化學物質分解土壤元素
(3)土壤中菌類分泌化學物質分解土壤元素
(4)沙塵暴(風飄)、鳥糞、昆蟲屍體....等外來物
A：用來做對照組之用，可做研究內容的比較

變穀物的口感與型態，同時，也能親手製作飯糰、體驗碾米的樂趣，讓孩子深刻感受「粒粒皆辛苦」的精神所在。

甜蜜巧克力，重疊親子味覺記憶

巧克力恐怕是現代兒童最愛的食品之一，也是親子間最能重疊味覺記憶的食物之一。宏亞食品生產的「77乳加巧克力」，不但是許多人兒時的最愛，更陪伴著一路成長；苦悶時，甜甜的滋味，也成了一種慰藉和療癒。

位於桃園八德市的巧克力共和國，就是會帶給親子甜甜香氣回憶的地方，除了可以在這裡讓孩子認識巧克力原料可可樹、可可豆之外，還能看見各種以巧克力雕塑的藝術品、以巧克力為主題的互動區，而所有與巧克力相關的歷史、故事、神話，也能在這裡一

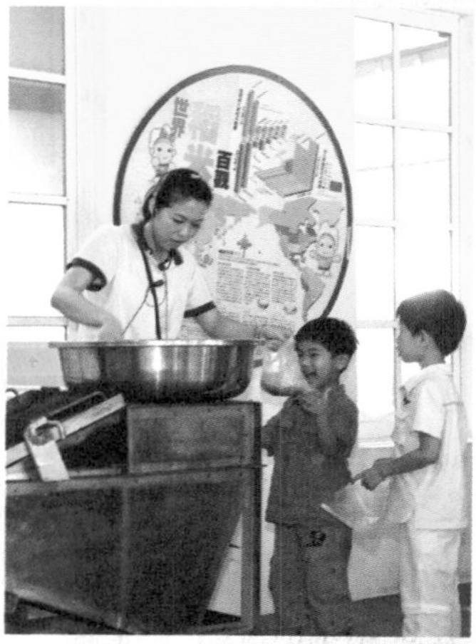

探究竟，最重要的是，巧克力遇熱溶化的特性，透過DIY課程，讓孩子輕鬆明瞭。巧克力成品展現個人特色與風格，做得不好、不滿意沒關係，爸媽跟孩子同心協力，用嘴巴就可以消滅所有「證據」。

傳統餅香，融合新舊思維

在郭元益綠標生活館裡，孩子們不但能了解台灣各個節慶、婚嫁、彌月、祭祀等習俗中，各式糕餅所代表的意義與用途，也可看到各種傳統糕餅的製作模具，了解糕餅如何塑形方圓、擠壓紋路大小，以及這些形狀背後所代表的意義。

郭元益綠標生活館是以生態、節能、減廢、健康的綠建築原理興建，在傳統之外，透過DIY活動，教導孩子在新世紀裡能融合新舊兩種思維，注重環保觀念。當然，來到郭元益，不能不親手體驗製作糕餅的樂趣，最夯的伴手禮「鳳梨酥」，自己動手做的，品嚐起來格外意義非凡。

酸甜滋味，慢釀熟成

還記得讓你一想到就口齒生涎，心頭一陣酸、一陣甜的「鹹酸甜」嗎？現在的小朋友恐怕少有機會

品嚐蜜餞，那卻是我們兒時最常見、最喜愛的零嘴之一，因此，肯定要來回味一下蜜餞的滋味。在宜蘭的橘之鄉蜜餞形象館裡，就有糖漬洛神、李子、梅子、鳳梨、金桔、金棗等令人目不暇給的各式蜜餞玻璃罐，讓人看了口水直流。

在這裡，除了參觀現代化蜜餞的製作過程，了解昔日農人愛惜作物，將豐收後不易賣出儲存的水果妥善利用，製作成可長期保存食用的蜜餞之外，來到這兒，也要親手體驗製作蜜餞的趣味。當蜜餞成品冷藏兩天、熟成後，放進嘴裡，別是一番滋味……在此同時，也讓孩子了解，製作食物有時必須學會等待，才能嚐得最佳風味。

醞釀味噌，親情加溫

味噌是日式食品，由於台灣在西元一八九五年之後，有長達五十年的日本殖民時期，因此味噌早已成為台灣的國民美食之一。位於台中豐原的味噌釀造文化館，是由已經有七十年歷史的味榮味噌所修建，而鎮館之寶，就是六十五年前遠道從日本運送而來的古物——超過百年歷史、高達三層樓高的味噌熟成桶。這個龐然大物，直接說明了味噌製作過程「熟成」的重要性。來到這兒，父母不用帶孩子遠赴日本，就能了解原汁原味的日式味噌製作過程。

儘管吃過味噌，許多大人們想必也不曾見過味噌製作之前的樣貌。味噌的主要原料是簡單不過的白米、黃豆、鹽，透過導覽解說，孩子們不但可以了解味噌是經過不同發酵、釀製過程而產生不同的口味與成品，最後還能跟爸媽一起動手體驗製作味噌，並煮上一碗熱騰騰的味噌湯，共享美好的親子時光。

風味自成的揉茶親子樂

和菓森林的名稱乍看之下，會以為是間生產和菓子日式甜點的工廠，但和菓森林其實是南投日月潭附近一處以台灣生產的「印度阿薩姆紅茶」聞名的茶莊園，因師承日式製茶技術生產紅茶而別具特色。除了阿薩姆，和菓森林也生產「紅玉」（台茶18號）及野生山茶。

在這裡，親子們可以了解紅茶製作過程與一般台灣常見的高山茶有何不同之處，也可親手體驗茶葉經由手工採摘之後，如何揉茶、乾燥、包裝，而成為最受歡迎的沖泡飲料之一。由於揉茶的過程會讓茶香與茶味產生不同的變化，所以每個人揉出的紅茶，味道都不盡相同，加上有親手彩繪茶葉罐的DIY體驗，爸爸媽媽與小朋友們可以帶回一段最具個人特色的茶香記憶，細細品嚐回味。

準備好和孩子們一同回味舊時的滋味，與孩子們一起體驗親手做「食」的樂趣嗎？準備好回到兒時記憶的香味之中，跟孩子分享食物滋味，讓心情再一次雀躍、感動嗎？那就趕緊出發吧！

桃園縣

郭元益糕餅博物館＆綠標生活館

每一次嚐到糕餅時，總意味這個世界有了些許改變，而這些改變通常是美好的、令人喜悅的。糕餅的世界千變萬化，甜甜的、鹹鹹的，Q軟的、脆脆的，你和孩子喜歡的是同樣的口味嗎？如果能一起動手做，是不是更美好呢？那麼，就帶著孩子一起來郭元益吧。

information

- **地址：**桃園縣楊梅鎮幼獅工業區青年路9巷1號
- **電話：**（03）464-3545
- **營業時間：**綠標樂活DIY課程、假日郭元益糕餅故事之旅，活動時間08：45～11：45，12：00～14：50。懷舊鳳梨酥DIY課程每天15：30～17：30舉辦一場。
- **收費方式：**綠標生活館可免費自由參觀。綠標樂活DIY實作課程，門票200元（含DIY材料、賞味茶點、綠標生活館導覽），午餐餐費50元。假日郭元益糕餅故事之旅，入館費160元（含DIY材料、賞味茶點、糕餅博物館導覽），餐費50元（有訂餐者）。懷舊鳳梨酥DIY課程，每人300元。
- **網址：**www.kuos.com/museum/index.html
- **備註：**請於參觀日前5～7天預約。綠標樂活DIY實作課程、假日郭元益糕餅故事之旅，滿40人以上開班。懷舊鳳梨酥DIY課程，滿20人以上開班，建議9歲以上參加。未滿開班人數的親子團體及個人，由館方安排併團參加。15：00後視散客狀況，約一小時開辦一場DIY課程。

認識糕餅，懷舊好時光

郭元益是台灣老字號的糕餅公司，自從一八六七年創辦人郭樑楨在士林以祖厝堂號「元益」開設糕餅店後，就這樣一路傳承下來，不僅隨著時代潮流調整轉變，格局也越來越宏大，現今已從糕餅業跨足到婚紗業、綠標健康食品等領域；製餅工廠為了擴大規模，也早在一九九二年就遷至桃園楊梅。

郭元益在士林及楊梅皆設有糕餅博物館，陳列主題相近，也都有糕餅DIY活動。不過，在楊梅廠可以參觀工廠製程，也能同時造訪二〇一一年開幕的綠標生活館，行程內容更加豐富精采。

糕餅博物館裡，陳列了傳統上在孩子彌月、收涎、週歲、婚嫁、節慶、祭祀等必須準備的各種糕餅，各式各樣的餅模、製餅器具，以及郭元益歷年來推出的經典喜餅禮盒款式，近年更跨足開發新領域產品，能從中領略傳統糕餅文化，以及郭元益的經營理念。

不過，最讓人期待的，便是拋繡球活動了。當頭戴鳳冠、身穿古代結婚禮服的大小朋友拿著繡球現身時，往往能引起一陣歡呼；而繡球一丟出，總是人人爭搶，氣氛十分歡鬧。

綠標生活館則是意外的產物。郭元益原本只打算建造一般的廠房，但

在設計師提供建議後，便毅然決定以生態、節能、減廢、健康的綠建築原理興建，設置了雨水回收及風力發電設備。就連空間的裝飾上也充滿環保意涵，挑高天花板上的白色竹篩、牆上的麵粉袋，全都是回收再利用的好點子。

這裡除了商品販售區、休息室、DIY教室之外，還有展覽區展示台灣的移民歷史、互動式糕餅製作體驗多媒體遊戲機、綠建築立體模型等，豐富多元的體驗，讓孩子玩得不亦樂乎，同時了解綠建築對環境的益處。

跟孩子一起做糕餅

不用傷腦筋備料做麵糰，來到DIY教室，就從最有趣的地方開始做餅吧。桌上有奶香麵糰、巧克力麵

這裡最好玩！

DIY課程大致有鳳梨酥、草莓酥、造型餅乾、小月餅這幾類輪流替換。有時，在特別的節日前夕，如母親節前會推出蛋糕裝飾活動等，建議事先詢問。整套流程下來約兩個半小時。拿到餅乾後，先別急著離開，一定要逛逛結合最新科技的綠標生活展覽館，才不虛此行。

糰、可愛造形壓模器、烘焙紙、刮板，還有一個師傅做好的範本，提供大家參考餅皮的厚薄度。糕餅做太薄會烤焦、太厚又容易烤不熟，務必要拿捏恰到好處。

首先，將白色的奶香麵糰用刮板切成適當大小，搓成圓形後，壓至範本的厚薄度，就可選擇自己喜歡的壓模器，將麵糰壓出想要的形狀。這時，巧克力麵糰就可派上用場了，隨意點綴一下，就是獨一無二的可愛餅乾囉！

爸媽可以跟孩子比賽誰做得最可愛，或是爸媽先做出基底形狀，再由孩子進行裝飾，親子一同締造甜蜜歡樂的回憶。

在等待餅乾出爐的同時，館方會預先準備熱茶和中式鹹點、西式甜點各一份，讓大家品嚐糕餅的美味。稍作休息後，再出發去逛糕餅博物館和製餅工廠。等逛完博物館和製餅工廠，餅乾已經烤好放涼，可以裝袋帶回家了。

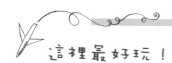

糕餅產業的故事

明清時期，隨著大批自福建、廣東渡海來台的漢人，中華糕餅文化及習俗也傳入台灣，世代累積下來，各式各樣的中式糕餅成為這一代台灣人熟知的古早味。

在台灣割讓給日本的五十年間，由於戰亂頻仍、物資缺乏，糖、油、麵粉得之不易，糕餅是相當稀奇珍貴的食品。直到台灣光復後，工商業日益繁榮興盛，糕餅逐漸融入人們的日常生活中，成為婚嫁、節慶時不可或缺的一部分。

然而，一九七〇年代，來自香港的超群餅店進軍台灣，引入西式麵包、蛋糕、餅乾後，一時之間蔚為風潮，中式糕餅變成無人理會的落伍食品。當時，本土的中式糕餅店幾乎被打得七零八落，紛紛尋求轉型，賣起麵包和蛋糕等西式糕點，而郭元益也開始製作西式喜餅。

多年來，郭元益不只在西式喜餅上精益求精，對中式糕點也不斷推陳出新。藉由參觀糕餅博物館、DIY做糕點等過程，可以讓孩子們認識傳統糕點文化，並因此願意品嚐看看，說不定會就此愛上中式糕點呢！

親子時光Q&A

Q1 糕餅是誰發明的呢？

糕餅業向來視諸葛亮為祖師爺，傳說諸葛亮出征南蠻回朝時，無法渡過波濤洶湧的瀘水。當地土著建議要殺人頭獻祭給河神，但諸葛亮不忍心這麼做，便在麵糰裡包入牛羊肉餡，做成人頭的形狀，稱為「蠻頭」或「瞞頭」。這就是包子、饅頭、糕餅等麵粉製品的前身了。

Q2 為什麼訂婚時要送喜餅？

這件事也跟諸葛亮有關。相傳三國時代東吳的孫權在周瑜的建議下，假裝要將妹妹許配給劉備，以引誘劉備過江。諸葛亮認為其中必有詐，便吩咐趙雲到東吳後，買糕餅分送給民眾和將士，大肆宣揚劉備娶親一事，讓孫權無法反悔，只好將妹妹嫁給了劉備。從此之後，演變成訂婚時要送喜餅，有不能反悔之意。

吃喝玩樂去！

龍潭三坑老街

地址：桃園縣龍潭鄉永福路三坑子（台3乙中正路三坑段依指標進）

許多老街的興起與沒落都與河運有關，龍潭的三坑老街也不例外。這裡因有三條河流注入大漢溪形成三個坑谷而得名，並成為繁華一時的碼頭；而在陸路發達加上石門水庫攔截水源後，逐漸沒落。因為水源區限建之故，得以保留原貌。這裡為知名客家村，老街雖然不長，但在欣賞老房子建築文化特色的同時，也嚐得到道地的客家菜包、湯圓及客家古早味點心「牛汶水」等美食。值得佇足的景點有黑白洗、永福宮和青錢第。

味全埔心牧場

地址：桃園縣楊梅市高榮里13鄰3之1號
電話：0800-268-286
時間：9：00～17：00
門票：成人300元，優待票250元。
網址：www.weichuan-ranch.com.tw

牧場園區寬廣，除了放牧草原外，還有日式花園及歐式雕塑花園，景觀相當多變。來到這裡，不只能在草地上奔跑、滾大草包、放風箏，還能踩腳踏船遊純青湖、坐馬車逛園區，或是看小豬仔們賽跑、餵食可愛動物等，玩上一整天也不會膩。

我家的小小旅行回憶

用相片、文字、戳記、剪貼，收藏旅遊的回憶和感動！

白木屋品牌文化館

地址：桃園縣楊梅鎮高獅路813巷22弄6號
電話：（03）496-5757
時間：9：00～18：00，週二公休。
門票：免費參觀。DIY活動須在七天前預約報名
費用一人220元。
網址：www.wwhousegallery.com

就跟蛋糕給人的夢幻感覺一樣，白木屋品牌文化館的體驗廊道也設計得童話感十足，可看見冰淇淋、牛軋糖、銅鑼燒的製作過程，還有歷年來的蛋糕藝術變化，以及充滿趣味的盒子裝置藝術等。當然，還能透過玻璃櫥窗看蛋糕工廠的作業流程，值得一遊。此外，這裡也推出蛋糕裝飾DIY活動，有興趣可以事先預約。

information

- **地址**：桃園縣八德市巧克力街底（由介壽路二段490巷、583巷附近轉入）
- **電話**：（03）365-6555
- **營業時間**：週二至週日9：30～17：30，開放最後入館時間為15：30。每週一休館。
- **收費方式**：成人200元，可抵用100元。兒童及優惠票100元，可抵用50元。
- **網址**：www.chottyandcotty.com.tw
- **備註**：參加DIY課程須另付190元。平日11：00、13：00、14：10三場，滿10人開課。假日10：00、11：00、13：00、14：10共4場，滿15人開課。

桃園縣

巧克力共和國

77乳加巧克力可以說是陪伴大小朋友一起成長的零食，說不定媽媽還會跟孩子一起搶著吃呢。而你知道「乳加糖」其實就是「牛軋糖」嗎？在宏亞食品特別打造的巧克力共和國裡，除有滿滿的巧克力知識，還有相關甜點介紹，帶你一步步深入奧妙的巧克力世界。

甜蜜巧克力，品味幸福時光

一走進巧克力共和國的大廳，每個孩子第一個飛奔而去的目標就是巧蒂可蒂（Chotty & Cotty）巨型公仔，光是爬上去攀在它身上，就可以讓孩子逗留許久。巧蒂可蒂的設計十分有趣，身體正背面是黑色與白色的對比色，白色代表喜歡巧克力的心情，黑色代表吃完巧克力後的罪惡感（因為會變胖！）。從眼睛的設計就可以看出情緒的差別，而大大的耳朵則是運用「C」字母的形狀設計的。

在巧蒂可蒂旁，有一座二十年前從德國買來、現已退休的五滾輪機，它可以將可可粉磨得很細，是讓巧克力口感變得滑順細緻的重要功臣。五滾輪機後方還有一座熱帶雨林溫室，全年維持攝氏二十五到二十八度的均溫、濕度百分之八十到九十，是最適合可可樹生長的環境，裡頭栽種了兩棵可可樹和其他熱帶植物，讓人們可以親眼目睹真正的可可樹。

二樓展示了可可樹從栽種到採果的過程、可可豆如何製作成巧克力、巧克力相關健康營養知識等，還可透過玻璃窗欣賞巧克力師傅如何做出美味的巧克力，一旁則展示著巨型巧克力藝術雕塑作品，讓人見識到巧克力的可塑性。而最受孩子歡迎的，應該是巧克力銀河系，透過最新科技，黑暗廊道的地面有投影而下的巧克力外星人在銀河系裡飄浮，踩在它身上就會發出叫聲，孩子們總會追逐得樂不可支。

三樓展示了巧克力的歷史神話區，有關巧克力的迷人故事都在這裡；再者，還有世界各國喝熱巧克力的器具，美輪美奐，可一點都不輸給喝下午茶的杯具組。此外，還有宏亞食品的工廠生產線模型、77品牌館、禮坊品牌館等，都設計了一些可愛的互動遊戲，讓孩子玩得開心極了！

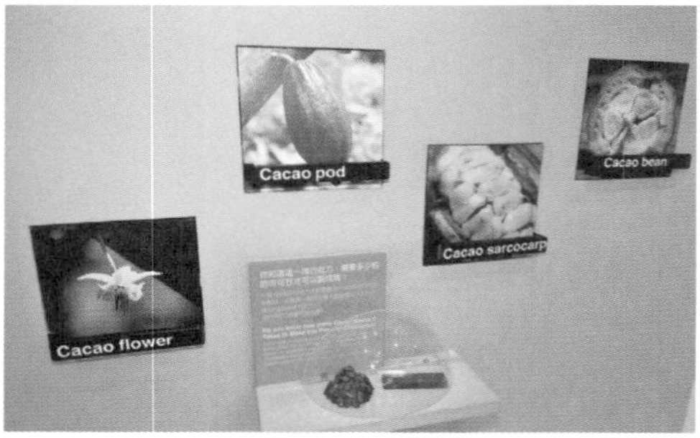

除了館內的豐富展示值得一遊，館外的花園也很漂亮，特別規劃了熱帶樹種花海區、親水池、造霧區、溫寒帶樹種區、兒童塗鴨牆，讓孩子可以在這裡開心地追逐跑跳。

妝點可愛巧克力甜點

DIY教室位在三樓，因有固定的開場時間，再加上做完之後，須等待五十分鐘讓巧克力成形，建議抵達時先報名，確認時間後，就能好好安排遊覽順序，不必浪費時間空等。

運用熱巧克力、熱草莓口味白巧克力、彩色巧克力米，發揮個人想像力，以各種不同組合方式倒入巧克力模型或餅乾上，就能做出創意巧克力甜點。而剩下的熱巧克力可以直接倒在烘焙紙上，再放上冰棒棍，就變成巧克力棒棒糖，是不是很有趣呢？

要注意的是，因為熱巧克力遇冷會慢慢凝固，如果動作太慢的話，巧克力會黏在杯子上倒不出來。所以，如何快速裝飾完成也是一大考驗呢。

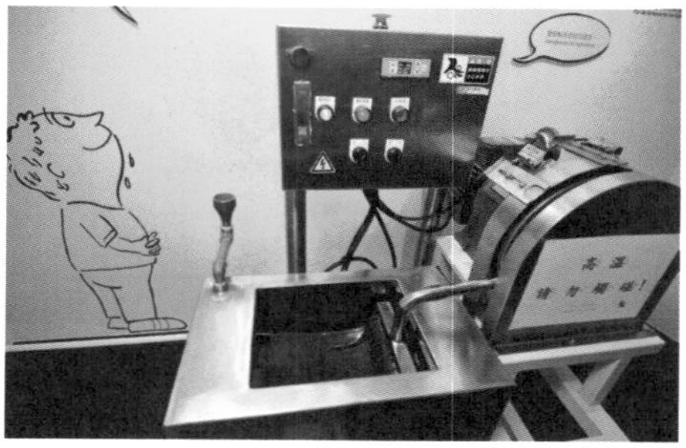

巧克力的故事

可可樹是一種熱帶植物，只能生長在南北緯二十度內，原產於南美洲，如今在非洲和東南亞也有廣泛種植。可可樹在種植後五到七年才會開始生產可可豆，從開花到結果需要一年的時間。主要收成季節可分為五至八月、十月至隔年三月兩個時期。

早在馬雅時代，馬雅人就開始喝可可飲品，並在裡面加入紅木、香草條、肉桂等香辛料，同時也使用可可豆做為交易貨幣。到了阿茲特克王朝時代（一三〇〇至一五一九年）也同樣會在可可飲品中加入紅番椒、香草等香辛料。

十六世紀時，西班牙探險家柯特茲（Hernando Cortez）將可可豆及可可飲品帶進歐洲後，逐漸發展出加入糖和牛奶的喝法。不過，可可始終都是王宮貴族才喝得起的高貴飲品。直到十九世紀，因為液壓式壓榨機的發明，才讓巧克力飲品逐漸普及，而今常見的巧克力塊，也直到十九世紀才被研發出來。

巧克力的製作過程相當繁複。可可豆被採收後，要歷經剖果、發酵、乾燥、去豆莢和雜質、炒焙，再進行粗磨、細磨等程序，最後才能與糖、奶等各種原料組合成巧克力。小小的巧克力裡，其實隱藏著大大的學問。在品嚐巧克力的同時，順便來個機會教育，告訴孩子，日常可見的許多食物，都是經過多道程序才能製作而成，也都是人類智慧與大自然物產相互激盪後所產生的文化結晶。

親子時光Q&A

Q1 白巧克力是不是巧克力啊？

可可豆在經過處理後，會分成可可脂和已脫除脂肪的可可粉。白巧克力是由可可脂、奶粉、糖和香草香料製作而成的，裡面沒有可可粉成分。不過，有些白巧克力是用植物油製成，就完全跟巧克力無關了。目前，大部分國家規定必須含有百分之二十以上的可可脂、百分之十四的乳製品，才能稱為白巧克力。

Q2 巧克力是沒有營養的垃圾食物嗎？

巧克力中含有不飽和脂肪酸，鈣、磷、鐵、鎂、錳、銅等礦物質，可抗氧化的黃酮類化合物，有助緩和情緒的色氨酸，還有少量可可鹼、咖啡因等。如果是加入牛奶的巧克力，還多了蛋白質等營養成分。但因市售巧克力大都含有過多糖分和油脂，選購時要特別注意，並且也不要食用過量。

吃喝玩樂去！

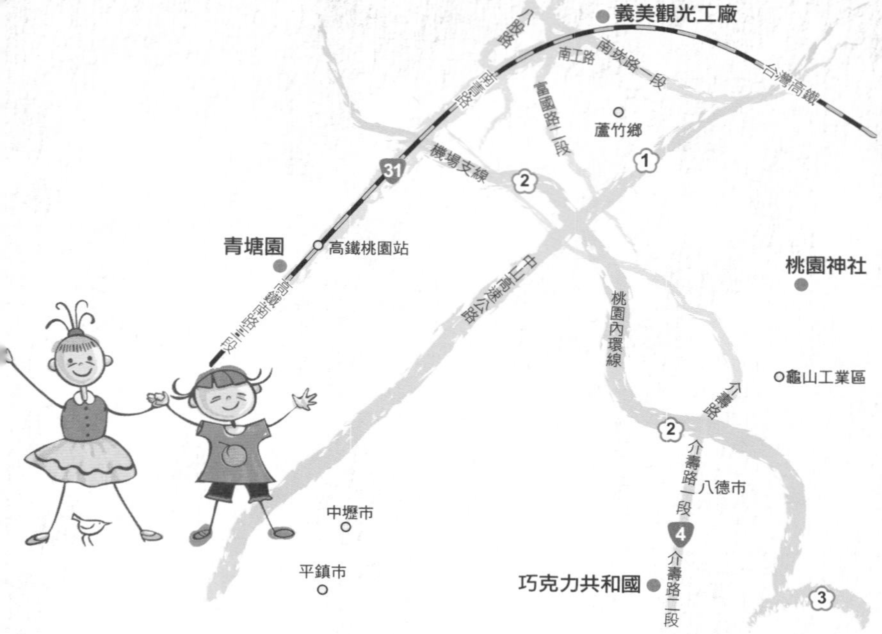

桃園神社

地址：桃園縣桃園市成功路200號

一九三四年，日本在台灣推行「一街庄一社」，大約建造了兩百座神社。桃園神社是由春田直信設計，於一九三八年六月落成。建築融合中國古代唐風、日本風及台灣近代風，並採用上等台灣檜木，是日本境外唯一完整保留的神社建築。原本祭祀日本神明，在光復後改祀鄭成功、劉永福、丘逢甲遺像，並設置反清、抗日烈士靈位。

青塘園

地址：從台66線、國道2號與台31線交會處轉出，往高鐵青埔站方向行駛即抵。

因為地形及水文環境的限制，桃園台地發展出挖埤塘儲水灌溉的文化，曾分布多達數千個埤塘。在社會轉型後，埤塘日漸消失，而青塘園則轉型為親水休憩空間，除了建造舒適的步道，也引入百種原生性水生植物，能同時認識埤塘文化及水生植物。

義美觀光工廠

地址：桃園縣蘆竹鄉南工路一段11號
電話：（03）322-2406
時間：9：00～21：00
參觀方式：個人自由參觀。團體參訪請於一週前預約。每週六、日10:30～14:00各有一場導覽與DIY活動，須於4天前預約。
網址：www.imeifoods.com.tw/nankang/index.html

分為生產廠區、生態園區及生活館。生產廠區示範了現烘熱麵包等製作過程；在生態園區可以看到回收使用廢水來養魚、種樹，也擺設各種古老的食品製造用具，十分有趣；生活館裡則展示了有關義美的歷史文物，DIY活動如蛋糕裝飾、水果酥、小西餅、薑餅屋等。

味噌釀造文化館

味噌湯、味噌拉麵、味噌醃小黃瓜……提到味噌，不免會聯想到日本的飲食文化。事實上，在台灣中部的豐原地區，也有一家傳承七十年的味榮味噌釀造廠，默默在鄉間工業區內，以時間和經驗釀出市佔率前三名的味噌產品。抱持不輸日本品質的本土使命感，味榮味噌以老釀造廠房修建為文化館，要讓來訪的大朋友小朋友一同認識「味噌」這項美妙的食材！

百年熟成桶的故事

還沒走進文化館內，就先看見高達三層樓的壯觀釀造桶，直接點明了味噌釀造的主題，也為緊接而來的導覽行程暖暖身。

來到四樓的味噌歷史走廊區，巨大的味噌熟成大木桶立刻引起大小朋友的驚呼聲，導覽人員一邊指引大家用手輕碰木桶黑褐濕潤的表面，一邊說明這個超過百年的熟成桶，可是六十五年前遠道從日本運送過來的古物，曾見證中日味噌的合作歷程，如今已是文化館的鎮館之寶。這個在釀造過程中扮演重要角色的熟成桶，摸起來粗糙的表面，其實是木材的毛細孔，可用來延續、保存菌種和風味，是形塑味噌獨特風味的關鍵之一。

認識了傳統釀造器具之後，來到味噌發展歷史的立牌前，導覽人員拿出「僧」和「噌」兩個大大的字卡，詢問大小朋友知道這兩個字和味噌的關聯性嗎？原來，印象中來自日本的古

information

* **地址**：台中市豐原區三村里西勢路701號
* **電話**：（04）2532-0279
* **營業時間**：週一至週六9：00～16：00，週六開放10：00及14：00兩個時段給散客，週日休館。
* **收費方式**：依參觀項目和時間分成三種行程，費用從每人100元至290元不等。
* **網址**：www.weijung.com
* **備註**：僅接受預約參觀，每場人數約20～40人，平日未滿20人的散客將與其他團體合併。

味噌，早在秦代就是中國保存食物的醃醬，唐代經過日本僧侶傳教帶到日本，而後在日本落地生根、成為「人民的食物」。「噌」字就是由「僧」演化而來，一個字就代表了味噌從中國傳到日本的發展故事，也讓平常只知味噌味，卻不知其意的大小朋友們，更加了解味噌成為日本國民食物的緣由。

好好認識味噌大家族

隨著參觀動線，導覽人員依序為大家講解味噌的種類、製作過程和營養成分，其中最特別的，就是味噌材料的陳列區。大家都吃過味噌，卻不見得知道製作材料有哪些，為了清楚呈現味噌的原料，館方特別將白米、黃豆和鹽三大原料一一陳列，並進一步說明，不同材料將如何影響成品的口味。爸媽帶孩子參觀之後，可以了解味噌是黃豆製品的一種，更是經過

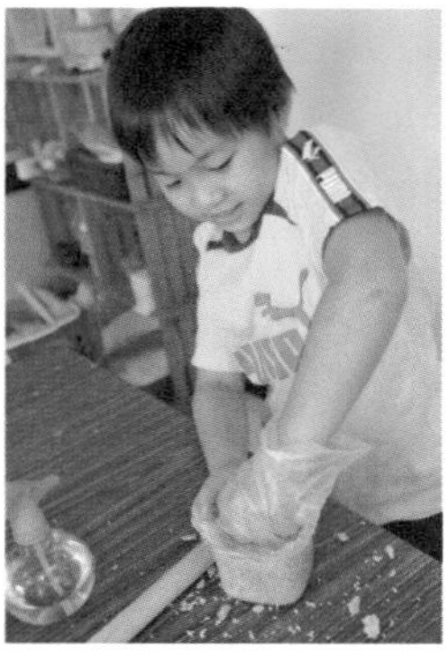

三者發酵的天然好物。

吸收了飽飽的知識之後，緊接在後的趣味問答區，在館方精心以味噌工具佈置陳設下，考考大小朋友是否認真聽講，互動活潑的設計，讓小朋友們個個躍躍欲試！

準備下樓參加味噌DIY之前，不妨放慢腳步！經過三樓的工廠製作區時，別錯過在玻璃窗前觀看廠內正在製作的實景流程。製作區必須經過消毒、穿戴素淨衣帽才能進入，雖然無法開放給民眾參觀，但透明公開的流程已足夠印證導覽時所獲得的資訊。

最後的壓軸好戲，當然就是大小朋友最期待的自製味噌和味噌烹飪教學。教室內早已準備好人手一份的材料，和熱呼呼的味噌湯供親子同樂，好好享受這難得的味噌體驗！

味榮味噌的故事

前身為碾米廠的味榮味噌，自一九四〇年第一代許火烈成立以來，即與日本商合作學習味噌與醬油的釀造技術，一九五三年正式成立大榮食品工廠，將廠房建在以米聞名的豐原圳泉里，是第一家專業釀造生產工廠。一九七九年第二代許宗琳接手後改名為味榮食品公司，積極前往日本學習信州味噌口味，並致力開發紅麴、醬菜罐頭、黑豆醬油等產品線，於一九九九年、二〇〇〇年陸續開發出國內第一支有機大豆味噌和黑豆醬油，確立健康安全的品牌目標。目前第三代經營者許立昇，仍持續以天然無添加與有機釀造食品的企業精神，開發多元口味和生活運用。

親子時光Q&A

Q1 吃起來鹹鹹的味噌，為什麼顏色都不太一樣？

仔細看每盒味噌，有的是黃褐色，有的是紅褐色，造成顏色差別的原因，與麴菌種類、熟成過程的溫度和時間都有關係。依照味噌的麴菌原料，可將味噌分為米味噌、麥味噌及豆味噌三大種類，因各自所需的發酵時間和口味不一，會呈現淺黃到焦黑深淺不一的顏色。通常顏色愈重者，香味會愈濃郁甘甜。

Q2 味噌製作過程中不可或缺的麴菌到底是什麼？

麴菌是味噌熟成過程中的主角，培養好的菌種就是製作出好味噌的第一要務。麴菌是帶有菌絲的真菌與黴菌，因為生長過程中會分泌各種酶，可以催化產生澱粉、蛋白質、脂肪等物質，經過分解、發酵可獲得微生物的代謝產物，廣泛運用於酒、醬油、醋、味噌等產品製作上。

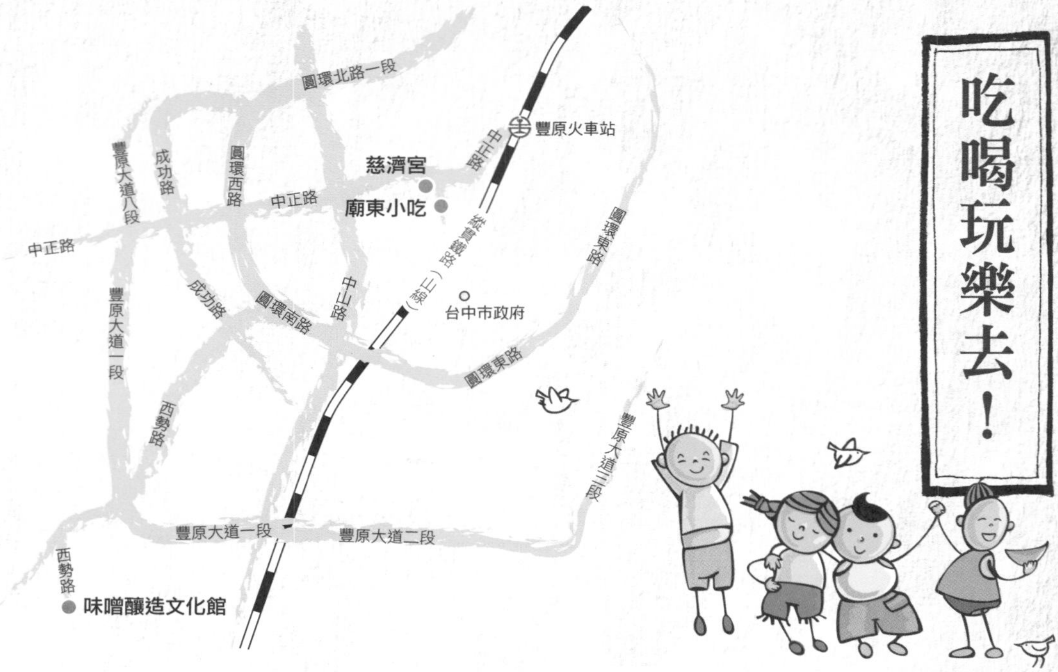

吃喝玩樂去！

慈濟宮

地址：台中市豐原區中正路179號

慈濟宮位於豐原鬧區，主祀天上聖母媽祖，廟內香火鼎盛，除了是該地區的信仰中心，也是豐原市區發展的起源地。慈濟宮的創建歷史可追溯自清朝雍正年間，隨著時代逐步整建擴增，才形成現今宏偉壯觀的三殿兩護龍式廟體。每年農曆三月二十三日是天上聖母聖誕，也是慈濟宮最熱鬧隆重的慶典，喜愛傳統民俗的人，不妨趁這時間來走走。

廟東小吃─金樹鳳梨冰果室

地址：台中市豐原區中正路167巷
時間：11：00～23：00

創立於一九三五年的金樹鳳梨冰果室，以自製的傳統鳳梨冰和杏仁露聞名。乾淨素樸的店內，仍維持著古早的格局和設計，就連端上桌的玻璃杯也透露出濃濃的復古味。在這樣的老店內，享受一碗古早味的鳳梨冰或杏仁露，除了解渴、解嘴饞，彷彿也喝進了廟東歷史文化的精華一般，誠意而踏實。

廟東小吃—清水排骨麵店

地址：台中市豐原區中正路167巷
時間：11：30～24：00，不定時公休。

因慈濟宮而發展的廟東小吃，就在廟旁的小巷弄中，該區聚集了多家老字號小吃攤而聞名。其中，店門前總是人龍滿滿的清水排骨麵店，是許多遊客來此必吃的道地小吃。一盅盅香氣四溢的排骨酥，混合Q彈滑溜的油麵，和清爽濃郁的湯頭，品嚐起來口齒留香，難怪總是讓人願意乖乖領取號碼牌，一等再等！

廟東小吃—正兆蚵仔煎

地址：台中市豐原區中正路167巷
時間：11：00～01：30

走進廟東小吃街不久，很難不被正兆蚵仔煎的飽滿蚵仔吸引住。每天凌晨從鹿港和王功新鮮送來的蚵仔，免除隔夜泡水的手續，新鮮實在的海味，讓店內主打蚵仔煎、蚵仔鏈和蚵仔麵線三大招牌菜色。有機會來到廟東，務必點上一盤加入季節時蔬的蚵仔煎，淋上以花生調味的香濃醬料，香甜微辣的口味，讓人念念不忘。

南投縣

和菓森林紅茶莊園

「大朋友小朋友，你們有看見茶杯裡的天使光圈嗎？」活動人員話一說出口，只見大家都認真端起紅茶，睜大眼睛觀看傳說中的天使光圈，歡樂溫馨的活動氣氛，以及將專業知識生活化的用心，就是傳承百年茶樹的和菓森林紅茶莊園擄獲親子共學同樂的絕活！

information

- **地址**：南投縣魚池鄉新城村香茶巷5號
- **電話**：（049）289-7238
- **營業時間**：平日9：00～17：30，假日9：00～18：00
- **收費方式**：提供親手製茶DIY、茶罐彩繪、專家品茶趣味活動等項目，費用從每人200元至400元不等。
- **網址**：www.assam.com.tw
- **備註**：製茶DIY須配合茶葉產期，每年4～12月開放體驗，分為9：30～11：30、13：30～15：30兩個時段。

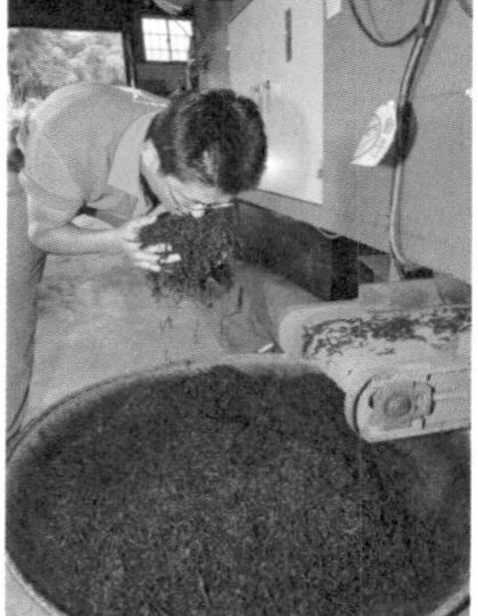

來莊園體驗一日茶人

爸媽帶著孩子初次來到和菓森林，目光無不集中在聳立於茶園中的英式建築，亮眼活潑的橘白色調，和處處都有可愛白兔的招牌指引，馬上引起小朋友們期待雀躍的心情；而從茶廠傳出的陣陣茶香味，也宣告著今天的「一日茶人之行」準備開始了。

循著機器聲響和茶香味進入製茶廠，活動人員已經在每張桌上放置一大盤處理過的茶葉，這盤經過十八至二十四小時室內萎凋、已呈現失水狀態的茶葉，就是製茶DIY的主角。

開始動手之前，活動人員會運用茶廠的現場設備和展板，詳細說明茶葉的製作過程，從手採一心二葉、室內萎凋、揉捻、解塊、發酵、乾燥到完成的步驟，都有其固定遵循的方式，每個步驟都關乎到茶葉品質，全靠製茶師傅憑經驗操作。尤其，茶條呈現優雅索狀的紅茶，揉捻是其中的

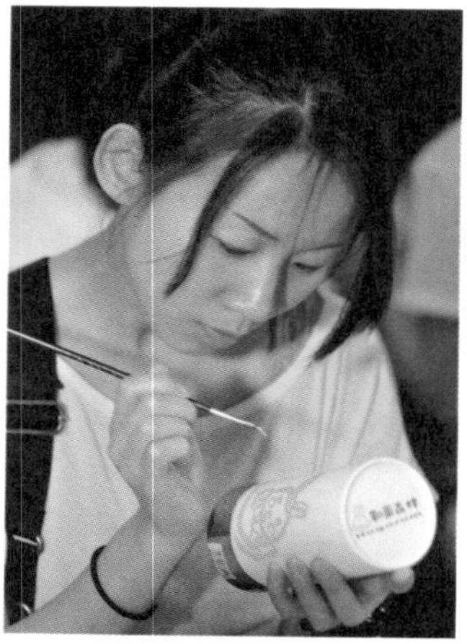

重要功夫，也是大小朋友要挑戰嚐鮮的DIY項目。

在活動人員指導下，大手小手已經迫不及待揉壓起眼前的茶葉，微微濕潤的手感是揉捻產生的葉汁，也是影響茶香風味的基礎。過程中，力道必須保持一致，直到片狀的葉片揉捻成條狀雛形才算完成。

採分組競賽的進行方式，也為熱鬧的活動增添些許刺激的氣氛，讓大小朋友更加賣力地動手做。

親子品茶學真功夫

等待茶葉發酵、乾燥的時間，不妨先跟著活動人員移動到莊園三樓，嚐嚐專業品茶人的真功夫！和菓森林抱持著生產好茶、也希望讓消費者懂得喝茶的理念，將專業品茶的過程轉化為生活知識，用最簡單的方式，教大小朋友怎麼喝出好茶的風味。

坐在五組白瓷茶器為一套的品茶席前，看著活動人員示範如何倒水、計時、倒出茶湯、靜置等待、聞香、品茶……等流程，小朋友也靜下心來依樣畫葫蘆，倒出一杯杯緣漾著天使光圈的茶水，認識到這金黃色澤的光圈和清澈透明的茶湯，就是優質紅茶的必要條件。

聞香後，就著「一分茶湯、三分空氣」的方式喝茶；活動人員說，不怕害羞的發出喝茶聲響，才能喝到茶湯中的焦香、柚花香、薄荷肉桂香氣，細細品出每種茶葉的獨特風韻，當個小小品茶師。

嘴裡還殘留著紅茶餘香，活動人員提醒先前DIY的茶葉也差不多完成囉。有了自己親手製作的茶葉，當然也得有專屬的茶罐來包裝，因此，大小朋友都可各自發揮巧思和創意彩繪，運用五顏六色的顏料，將這趟紅茶巡禮的心得和感受畫在上頭，成為最棒的小禮物。

活動最後，還會請製茶經驗豐富的園主當評審，從每個人揉捻的茶葉中選評出外觀最合格的參加者進行頒獎典禮，在熱烈的掌聲中，結束這趟有趣又有內涵的紅茶之行！

台灣紅茶的故事

提及台灣栽種紅茶的歷史，可追溯到日治時代在南投縣魚池鄉試種成功後，開啟一段輝煌的紅茶貿易史。因紅茶品質良好，帶動茶農、茶商和當局在魚池鄉大興栽種，並以「Formosa Black Tea」品牌獲得歐洲拍賣市場的高度評價。

極盛時期，魚池鄉供應九成以上的外銷量──當時茶葉如黃金，茶農還必須在茶園巡邏駐守。可惜隨著外銷市場的競爭與國內飲茶習慣的改變，紅茶的經濟價值逐漸低落，魚池地區的茶園也相繼消失或轉作，直到九二一地震後，為了發展地方特色，在茶改場與政府機關的協助下，重新找回過去的紅茶產銷，讓淹沒在歷史草叢中的茶樹重見生機。

親子時光Q&A

Q1 為什麼同樣稱為「紅茶」，但喝起來味道卻有些不同？

紅茶的口味或香氣不同，主要來自茶樹品種的差異。目前國內適合製成紅茶的茶樹品種，以台茶七號、台茶八號（阿薩姆）、台茶十八號（紅玉）、台茶二十一號（紅韻）這四種為主，每個品種的茶色、香氣和滋味各有特色，都是茶改場研究人員經過多年努力育種的成果。

Q2 經常聽到茶葉要採「一心二葉」，那是為什麼？

茶樹上最頂端的一心二葉，通常就是指新葉，因為新葉質地較嫩，所製成的茶葉品質較佳，若取用下方的成熟葉片，會影響茶葉品質，因此茶農或茶商多會強調「一心二葉」。「一心二葉」是泛指新葉的統稱，事實上，檢視紅茶的條型茶乾，像索狀的外觀就是嫩葉部分，也可能是兩葉或一心一葉。

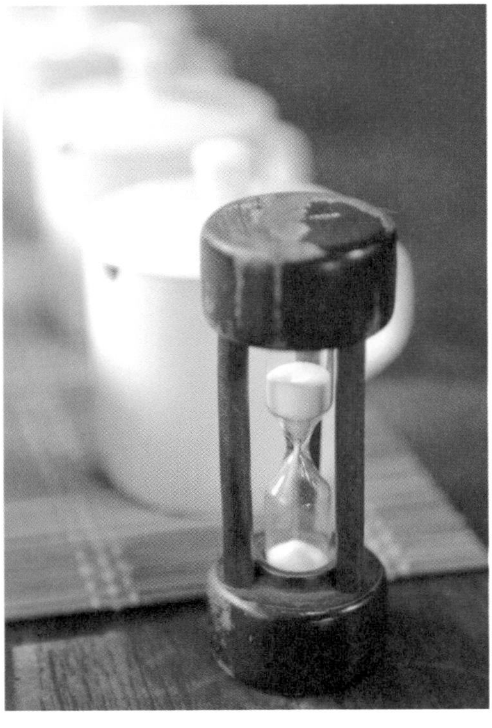

吃喝玩樂去！

桃米生態村

地址：台21線51公里處

以豐富的青蛙、蜻蜓和鳥類生態聞名，區內林木溪流遍布，可見純樸的農村作息，以及仍保留完善的自然景觀。自九二一地震之後，以生態村的概念重建，寫下家園社區營造和生態旅遊等多項重要紀錄。目前，在當地多個協會和基金會的整合下，提供有完整的住宿、導覽、特色餐飲和體驗項目，適合親子家庭在此漫遊社區內的景點和生態。

澀水社區

地址：台21線54.5公里處

澀水社區是魚池鄉人口最少的村落，卻因其秀麗的自然景觀，以及紅茶、製陶等產業，入選二〇〇七年十大經典農漁村，足見其社區的特色。文化方面，社區內仍保留有柴窯和燒窯技術，成立社區陶藝教室，提供DIY體驗項目；自然方面，修建有多條步道供遊客走入茶園、溪谷和瀑布，親近清幽的自然環境。目前社區內有多家民宿，配合社區發展協會完整的行程，提供豐富的在地文化體驗。

三育基督學院

地址：南投縣魚池鄉瓊文巷39號
電話：（049）289-7047

進入校園，迎面而來的一片綠油油草原和叢密高拔的綠色隧道，廣闊無邊的綠意和視野，讓人很難與印象中的學校連結在一起。事實上，三育基督學院自一九八〇年就在此設立校區，是一所教會學院，同時也開辦實驗完全中學。近年來，因校內環境優雅而設立健康教育中心，提供有導覽和住宿等服務。

日月潭國家風景區

地址：南投縣魚池鄉中山路599號
電話：（049）285-5668

四季晨昏總有不同風貌的日月潭，山水輝映的風光，向來帶給遊客許多驚喜。爸媽可帶著孩子一同沿著步道閒遊，或騎乘環潭自行車、搭船遊湖，抑或搭乘纜車俯瞰四周景致，找到屬於自己最舒適的節奏和角度，盡情飽覽日月潭風光！

information

- **地址**：彰化縣埤頭鄉彰水路二段 526號
- **電話**：（04）892-6088
- **營業時間**：週二至週五9：00～17：00，週六至週日9：00～18：00，週一休館。
- **收費方式**：導覽不收費。米食DIY／古早味爆米香每人150元，三角飯糰每人150元，碾米樂每人100元。草編DIY／稻草人娃娃每人150元。
- **網址**：www.ricecastle.com.tw
- **備註**：達20人以上，請提前預約，將有專人導覽。

彰化縣

中興穀堡

小朋友，你知道每天吃的米飯是怎麼來的嗎？位於彰化的中興穀堡，就是一座專門介紹稻米文化的稻米博物館喔。由聯米企業所設立的博物館，運用當地的稻田和碾米處理廠設備，為大小朋友規劃了一趟稻米之旅，只要跟著可愛的四季米寶公仔，就能輕鬆了解米飯的由來喔！

走入「時光穗道」，四季米寶帶你認識稻米

來到外觀有如歐式城堡的博物館內，會先穿過有著百年歷史的聯米企業「時光穗道」。在春天米寶的解說下，了解第一代創辦人從經營小米行開始，逐步添購擴增電腦化自動設備、國內首座低溫冷藏倉儲、日本碾米設備、成立「中興米」品牌……等成長歷程。

特別的是，爸媽可帶著孩子一邊沿著動線往二樓移動，一邊觀看依古法砌築而成的糯米牆透視圖，讓小朋友認識早期原物料缺乏，以石灰和糯米混合成土角磚的文化，由此，可看見稻米結合生活的古老智慧。

上到二樓，迎面而來的夏天米寶，帶著大家來到「稻香傳奇館」，以現場展示的台灣四大稻米產區土壤，熱情解說稻米的生長環境，小朋友也可藉由實際觸摸不同土壤的差異性，想像土壤與稻米的關聯性。

隨著各式稻米品種的陳列與說明，來到了「稻香世家館」。經過解說，才發現原來稻米也有自己的名字，像是台九號、高雄一四五號、台南十一號、香米四號等，不同品種的稻米，滋味和特性截然不同喔！

體驗稻香，喚起舊回憶

認識了稻米名稱，別急著往前走，米寶會帶著大家來到放大版稻米粒的模型前，認真說明稻米由內而外的七層結構，及其所包含的營養價值，讓小朋友知道每天乖乖吃飯所能獲得的營養和好處。

充滿好奇心的小朋友，也許會跑到後面的落地窗東張西望，事實上，這裡是博物館內唯一可以看見稻米生產流程的地方，廠內二十八座超大米倉和加工設備一覽無遺（此區不對外開放）。

繼續前行，接著來到「稻香縱橫館」，秋天米寶已經在古色古香的農家場景中等候。這裡運用大量早期的農具、腳踏車、櫥櫃等生活器具，依著農家的四季作息而布置，讓大朋友宛如走回兒時場景，興奮地直說起過去的生活記憶，也讓小朋友看見了稻米和農人的生活文化。最後，終於來到小朋友最期待的「稻香學院」，不管是聲響轟轟的爆米香、新鮮有趣的碾米體驗，或是最受歡迎的草編稻草娃娃，都由冬天米寶現場示範指導DIY，讓這趟認識稻米之旅劃下完美充實的句點。

這裡最好玩！

停留時間充裕的話，建議爸媽不妨帶著孩子體驗稻草人娃娃DIY活動。博物館提供的材料包內有稻草束、竹筷、鈕扣及花布料；在館方人員的指導下，讓小朋友運用剪刀和膠水，發揮想像力，製作出特色十足的稻草人娃娃。雖然花費時間較長，但看著孩子聚精會神的模樣，又能帶著這獨一無二的紀念品回家，相信大小朋友都會收穫滿滿！

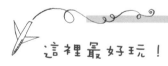

台灣穀倉的故事

中興穀堡座落在彰化縣埤頭鄉，是有其先天條件的原因。原來，素有「台灣穀倉」之稱的彰化縣，因境內有大肚溪、濁水溪及貓羅溪等河流經過，沖積孕育出肥沃遼闊的平原，加上氣候適合栽種稻米，自日治時代就是盛產稻米的魚米之鄉，所生產的稻米品質更具有良好的口碑。

其中，位於彰化縣南端的埤頭鄉，鄰近濁水溪沖積扇，早期即引進有機質豐富的濁水溪灌溉農田，享有先天地理上的優勢，因此，具有栽種良質米的條件，不但是彰化縣的主要農業生產中心之一，也是稻米產銷專業區。

親子時光Q&A

Q1 稻米收割以後，就是我們平常吃的白米飯嗎？

從稻田裡收割下來的稻穀，要變成餐桌上的白米飯，還得經過好多道處理程序喔。剛收割下來的稻穀外層包覆著硬殼，經過脫穀機將外殼去掉，就能成為糙米。糙米經過精米機、選石機和色選機等設備，將米糠和胚芽去除，並將碎石、不良米等雜質去掉，就是所謂的精米，也就是我們一般吃到的白米飯了。原來，要吃到軟Q香甜的白米，必須經過一道道加工。小朋友不妨對照稻米結構圖，逐一比對每個程序究竟去掉了稻米的哪個部位，最終，白米只留下胚乳的部分喔！

Q2 為什麼有些米圓圓胖胖的，有些米卻細細長長的？

稻米外觀不一樣，是跟稻米的種類不同有關。基本上，稻米可分成粳米、秈米和糯米三大種類，更細的品種則難計其數。依照米粒形狀，可簡易區分出米的種類：傳統的粳米多是圓短形；秈米是細長形、透明度較高；糯米則可依此原則區分為粳糯和秈糯。但因科技發展、品種變化迅速，有些新品種在外觀上已無法單純用此依據來區分粳米和秈米。

吃喝玩樂去！

竹軒高麗菜飯

地址：彰化縣北斗鎮斗中路922號
電話：（04）888-0811
時間：6：00～15：00

剛端上來的高麗菜飯，白飯份量十足，淋上滷透的高麗菜、筍絲、香菇和肉燥，再加上一塊入口即化的肉皮，一碗樸實無華卻有著滿滿心意的高麗菜飯，就是竹軒高麗菜飯四十多年來不變的堅持。從廟前遷移到現址的店面，已經由第二代接手經營，仍專注在以高麗菜飯、筒仔米糕為主，搭配各式燉煮排骨湯，是許多老主顧心中的北斗老店美食喔！

北斗肉圓瑞

地址：彰化縣北斗鎮中華路89號
電話：（04）888-0279
時間：8：00～20：30

奠安宮媽祖廟後方的市場裡，肉圓瑞的攤位總是人潮滿滿，許多遊客都會專程來吃這裡的北斗肉圓。小顆肉圓可明顯看出三道掐合的指痕，被許多客人指稱宛如金元寶一般，肉圓Q彈的外皮、紮實的胛心肉和筍丁，搭配濃稠的醬汁，就是這四十年老店的招牌。享用肉圓時，別忘了點上一碗豆腐貢丸湯，這可是老店最經典的組合喔！

我家的小小旅行回憶

用相片、文字、戳記、剪貼，收藏旅遊的回憶和感動！

★日期 ★天氣 ★同遊伙伴

大炮圓仔冰店

地址：彰化縣北斗鎮新市街40號
電話：（04）888-0609
時間：8：00～17：30

要找道地小吃，就不能錯過當地的菜市場。北斗鎮上的紅磚市場，外觀典雅，是日治時期就保留下來的建築；仔細看入口旁的大炮圓仔冰店，是鎮上的隱藏版古早味老店，聚集了許多當地人在此等候外帶一碗碗圓仔冰。現點現煮的圓仔，加上粉粿、米苔目、地瓜圓、豆類等自製配料，最後再淋上每天熬煮多時的古早味糖水，滿滿一盤剉冰，是夏季最享受的美味點心。

李香瑩肉乾

地址：彰化縣北斗鎮斗苑路一段193號
電話：（04）878-0223

肉圓、肉乾、肉餅向來就是北斗三大名產，其中採用日曬古法的李香瑩肉乾，更是許多遊客不會錯過的伴手禮名店。以豬後腿肉部位醃製、日曬、冷凍、烘烤的肉乾，咬起來薄脆香酥，讓人一吃就上癮。此外，店裡也開發出肉鬆、肉脯、肉絲及香腸等多種產品，提供不同口感和咬勁，深受遊客喜愛。

宜蘭市

橘之鄉蜜餞形象館

一顆顆晶瑩剔透、閃閃發亮的蜜餞，誘人口水直流，忍不住想嚐上一口。蜜餞在台語中被稱為「酸甘甜」，滋味就像人生一樣五味雜陳。孩子平時除了喜歡甜滋滋的糖果之外，也可嚐嚐這獨特的酸甜滋味，不僅能拓展味覺體驗，還能有一點點長大了的感覺。至於爸媽們在品嚐蜜餞時，心中想起的，或許是那段青澀的初戀歲月……

i n f o r m a t i o n

- **地址**：宜蘭市梅洲二路33號
- **電話**：（03）928-5758
- **營業時間**：8：30～18:00
- **收費方式**：蜜餞DIY120元。
- **網址**：www.agrioz.com.tw
- **備註**：一般遊客可隨時報名參加DIY活動。

嚐一口金棗的酸甘甜

橘之鄉蜜餞館是傳承家族四代夢想的良心工廠。早年，林家以經營養雞場及紙器廠為主，而後，基於健康養生才轉而種植金棗樹。

《本草綱目》記載「金棗味甘、性溫和，能理氣、化痰、潤肺、止咳、健胃整脾」；林家精通醫學的林陳阿鳳阿嬤，就時常熬煮金棗膏分送給親友喝。

然而，在金棗盛產的季節，時常會有落果滿山或被蜜餞工廠賤價收購的情況，不免讓人覺得可惜。出身農家的林家後代林枝漫，與畢業於中興大學農業化學系、深知食品加工方式的妻子洪美芳，便嘗試自己製作蜜餞。洪美芳不僅秉持專業，也謹記林陳阿鳳阿嬤的教誨：「做吃的，一定要自己敢吃，才能拿去賣。」始終堅持不添加香料、色素、糖精和防腐劑。由於口味深獲好評，林枝漫夫妻

便攜手創立了橘之鄉——「橘」來自金棗的別稱「金橘」，「鄉」則是金棗故鄉之意。

橘之鄉的起步較宜蘭其他蜜餞廠來得晚，要打出一片天著實不易，孰料又遭逢大陸低價蜜餞的競爭，轉而決定成立橘之鄉蜜餞形象館，教遊客認識各種蜜餞相關知識。

在一九九三年，工廠屋頂不幸遭大火吞噬後，橘之鄉更順勢改建為可讓遊客透過玻璃窗參觀整個蜜餞製作過程的新工廠。

近年來最讓人驚豔的，是入口處那棟彷如被純白樹幹包圍的玻璃咖啡屋，以及隔壁猶如歐洲小型農莊的展示及DIY空間。這裡是由舊鍋爐房改建而成；接手的第二代林鼎鈞希望遊客來到這裡後，能留下美麗的回憶，因此特別將它打造成如此優雅的風格。裡頭最吸睛的，是一組比成人還高的白色桌椅，讓大人們在瞬間變成仰望桌上蜜餞的孩子。此外，還有早年製作蜜餞所使用的縮小版木製器具；長木桌旁的櫃子上擺放著糖漬洛神、李子、梅子、鳳梨、金桔、金棗的大玻璃罐，讓人看得目不轉睛。

做蜜餞好好玩

大小朋友肯定對蜜餞是怎麼做成的感到好奇，來到橘之鄉，絕對可以大開眼界！

蜜餞的製作過程相當繁複，採收後，要先經過分級和水洗程序，再進行鹽漬作業。「鹽漬」這個步驟，除可去除果皮的酸澀味，還能延長保存時間，最長可存放一年。之後，先

這裡最好玩！

帶回家的蜜餞可別急著吃。冷藏兩天以後才是最美味的狀態。若使用新鮮金棗，建議在一週內吃完；若使用鹽漬金棗，最長可保存兩週。無論如何，請記得在賞味期限內吃完喔！

用針戳刺果皮，再漂水洗去過多的鹽分，經過高溫殺菁後，就可進入糖漬作業了。

橘之鄉的做法是，讓金棗在糖度六十至六十五度的糖水中浸漬五天，再進行乾燥作業；在乾燥五小時後，回潮一小時，如此重複三天，直到只剩下百分之十八的水分，就是最佳狀態。爸媽不妨帶著孩子參與蜜餞DIY活動，親手做一罐蜜餞帶回家，體驗一下古早時期純手工的滋味。

首先，以新鮮或鹽漬過的金棗為主角，將一顆顆金棗敲過針刺器，透過皮上的這些小洞，加快糖漬的速度。接著，倒入適量的鹽和糖，鎖緊蓋子，就要開始像搖泡沫奶茶一樣，搖到糖融化為止（大約需要十分鐘），這個重責大任就交給爸爸來完成吧。完成後，就可帶著自己做好的蜜餞回家囉！

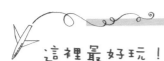

金棗蜜餞的故事

蜜餞的起源可追溯到漢代，當時人們為了延長水果的保存時間，便以鹽醃、糖漬、煮糖或曬乾等方法將其製成果乾，一直是宮廷裡的珍貴甜品。而後，果乾演變為餞行時贈送的禮物，因而有了「蜜餞」之稱。

金棗的原產地在浙江省甌江縣，日人田代氏在一九〇六年從日本引進台灣栽種。主要栽種在宜蘭縣的礁溪鄉、員山鄉、三星鄉等地，占全台灣產量的九成。宜蘭地區開始製作金棗蜜餞則從清代開始。一八四三年，翰林院庶吉士朱材哲因得罪皇帝，被貶至台灣的噶瑪蘭廳當通判。他看到鄉民放任果肉酸、外皮微辛的金棗掉落滿地，感到可惜，便教衙役用黑糖和蜂蜜將金棗做成蜜餞；金棗蜜餞的做法就這樣流傳開來。

除了蜜餞之外，醬菜、香腸、火腿等，也都是在沒有冰箱的年代，為了讓生鮮食物可以保存久一點而誕生的產物。其原理是，蔬果和肉品在糖漬或鹽醃後會處於脫水狀態，可抑制微生物滋長，因此不易腐敗。

孩子們可藉由蜜餞的製作過程，認識古人珍惜食物的用心及智慧，體認生長在當今各項物資豐富的年代，是多麼幸福的一件事。爸媽不妨適時給孩子機會教育，教導愛惜食物、不隨便浪費的觀念。

親子時光Q&A

Q1 金棗一年結一次果嗎？

金棗每年會開三到五次花，開花間隔約四十五天。第一次開花在清明節到端午節前後，果實的採收時間在十一月到隔年二月，其中又以十二月和一月為金棗的盛產期。

Q2 蜜餞的做法只有一種嗎？

橘之鄉生產的蜜餞屬於帶有透明感的糖漬蜜餞類，有些蜜餞則會在糖漬或糖煮過程中，添加涼味香料或甘草。還有一種果糕是將水果加工成膏醬後，再濃縮乾燥成片、條、塊等形狀。

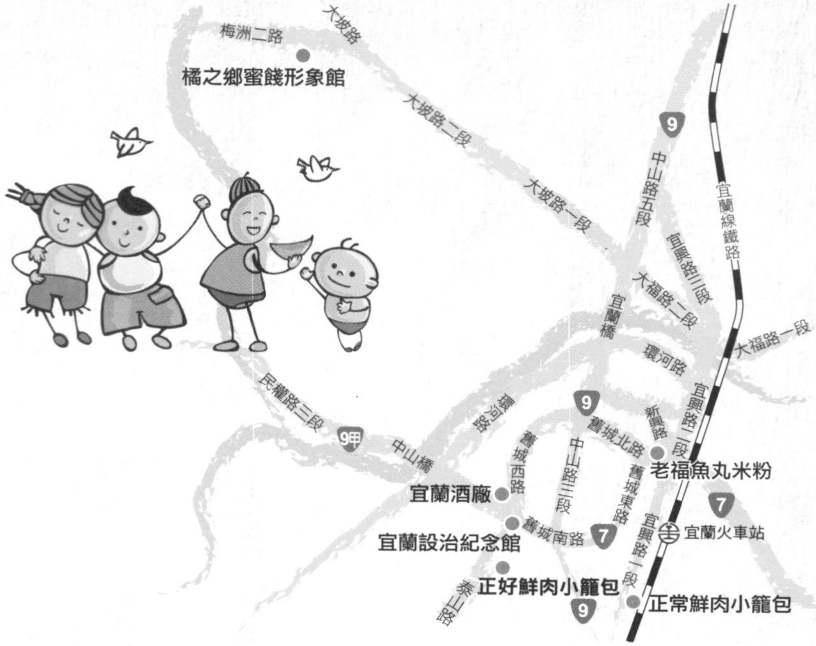

宜蘭設治紀念館

地址：宜蘭市舊城南路力行3巷3號
電話：（03）932-6664
票價：全票30元，優待票20元，宜蘭縣民、65歲以上老人、身高110公分以下兒童、身心障礙人士免費。
時間：週二至週日9：00～17：00，週一、每月最後一天及除夕公休。
網址：memorial.ilccb.gov.tw
備註：10人以上團體參觀請先預約。參觀人數超過100人時，會進行管制。

紀念館建築原建於一九〇六年，為和洋混合式建築，做為官邸使用，曾有二十多任長官居住於此，內部格局及構造曾歷經多次整修。紀念館前有一棵百年老樟樹，曾引起保存爭議，所幸最後與設治紀念館一同被保存下來，在一九九七年十二月整建為宜蘭設治紀念館。周圍有漂亮的日式山水庭園可遊賞。

宜蘭酒廠

地址：宜蘭市舊城西路3號
電話：（03）935-5526
時間：8：00～17:00，除夕公休。
網址：event.ttl-eshop.com.tw/yl

宜蘭酒廠設立於民國前二年，以生產被稱為「紅露酒」的紅麴釀酒為主，最新酒款則是結合在地農產的樽藏金棗酒。園區內保留許多日式建築；本館是由建於一九三五年的倉庫改建而成，充滿懷舊風情。雖然孩子不能喝酒，但這裡有紅麴香腸等小吃可盡情品嚐。

正好鮮肉小籠包

地址：宜蘭市泰山路25之1號
電話：（03）932-5641
時間：8：00～12：30、15：00～19：00，每週一公休。

招牌小籠包以Q薄的麵皮包住飽滿內餡及鮮美湯汁。內餡採用黑豬後腿肉及宜蘭三星蔥調配而成，香氣十足。若搭配店家特製的辣椒油，口味更棒。另有酸辣湯或奶茶、紅茶、豆漿等可選擇。另在宜蘭的宜興路上，有一家「正常鮮肉小籠包」，兩家店的老闆是兄弟，好手藝都是從舅舅那裡學來的，現在各自開店經營，喜歡吃麵食的人，可前去比較一下風味。

老福魚丸米粉

地址：宜蘭市新興路45號
電話：0963-004-293
時間：週二至週日8：00～17：00，每週一公休，遇假日順延。
網址：food.lanyangnet.com.tw/laofu

創立於一九七九年，堅持用新鮮魚肉和三星蔥製作手工魚丸，並用豬大骨長時間熬煮出古早風味，是宜蘭在外遊子最懷念的味道之一。此外，還有老闆娘特別研發的低油脂滷肉飯，香氣誘人，值得品嚐。

江

KAWAI

PART 2

遊藝／童玩

「古樸質雅」不單單是早年童玩的意義，

其中還蘊含「物盡其用」的精神；

「天空行馬」的創意想像，

則是早年孩童遊藝玩耍的本質。

古樸舊玩意，串聯孩子新記憶

時空流轉，玩樂場景和物件改變了，如今孩子的童年氛圍全然不同。藉由一趟觀光工廠之旅，製作蠟筆、竹編燈籠、手作木器、彩繪陶盤、馬賽克拼貼……親子間的玩樂記憶作了世代的串聯，肯定在孩子成長記憶中留下深刻的片段。

在那個沒有遙控玩具、電動機械人及電視遊樂器的年代，小朋友們知道爸爸媽媽們童年都玩些什麼嗎？在塑膠類製品大量普及之前，幾乎所有產品都是金屬、木製、紙製的，孩童們的玩具，也不出這三種材質。

不同的世代有不同的玩樂點子，以往經濟不富裕的時期，孩子接觸的事物單純，連玩都顯得自然而樸拙。因此，早年孩子的玩具多半就地取材，隨意發揮想像：手工自製的竹蜻蜓、陀螺、風箏、竹槍，想必勾起多數爸媽心中的玩樂回憶；自己平時蒐集或四處找來的蠟筆、粉筆、酒瓶蓋、糖果盒、玻璃罐等小玩意，也伴隨度過許多精采的童年片刻。

三五好友相約，以大地為畫板、為遊樂場，玩彈珠、跳房子、打陀螺、踢毽子，怎麼玩也不會膩；一支小木笛、兩個響板、三角鐵、外加幾個瓶罐鍋蓋，湊合著，就能演出一場即興生動的音樂會；一顆小皮球、一串橡皮筋，「小皮球、香蕉油，滿地開花……，……。」搭配不知誰人家發明的口訣與玩法，一個晴朗的午後或週末，甚至是一整個寒暑假，就可以募集多方人馬，玩到樂此不疲，絕無厭倦；幾個玩伴，就著一棵大樹遮蔭，找塊厚實的木板，拿條堅固的麻繩，兩端繫綁在樹幹上，就是個好玩的鞦韆，搖搖盪盪消磨一段閒適的午後時光。

下雨天，玩樂氣氛也絕無冷場。尪仔標、玻璃彈珠是男孩們彼此相約不氣餒、再戰輸贏的標的物；或隨手撿一根樹枝即可當木劍行俠仗義、披上床單就化身成正義的小飛俠，一起去打倒惡魔黨。女孩們替紙娃娃換裝；找來樹葉、花瓣、破瓦片，就可以扮家家酒，小人兒模擬一下成人世界……箇中趣味，可不是當今的3C產品所能輕易取代。

由此看來，「古樸質雅」不單單是早年童玩的意義，其中還蘊含著「物盡其用」的精神；而「天空行馬」的創意想像，則是早年孩童遊藝玩耍的本質。

時空流轉，玩樂場景和物件改變了，如今孩子的童年氛圍全然不同。藉由一趟觀光工廠之旅，製作蠟筆、竹編燈籠、手作木器、彩繪陶盤、馬賽克拼貼……親子間的玩樂記憶作了世代的串聯，肯定在孩子成長記憶中留下深刻的片段。

多變造型氣球，玩出趣味童年

街頭分發廣告氣球的宣傳手法，每每吸引住孩童們的目光，原因無它，造型與顏色多樣的氣球，始終是最受歡迎的玩具之一，不管是填充氦氣的漂浮氣球，或有著多變形狀的扭轉造型氣球，總讓孩童們愛不釋手。

台中市神岡區的大倫氣球，是目前台灣僅存的橡膠氣球製造工廠，近年更轉型為觀光工廠，讓孩子們有機會目睹氣球的製造過程。不僅如此，互動式的DIY課程，不但能讓孩子們自己動手做氣球，還有指導人員現場教大家一起扭動氣球做出各種可愛造型；另有夏季限定的水球大戰，絕對讓大朋友小朋友驚呼連連。

重拾玩心，盡情塗鴉

早年的孩童們，只要找個無人看管的牆壁或水泥地面，就能恣意塗鴉、畫起跳房子的線條；當今的孩子少了這樣的玩樂情境，若要體驗大筆塗鴉的樂趣，不妨走一趟宜蘭的蠟藝彩繪館。在這裡，不必擔心弄髒牆壁或衣服會遭爸媽責罵，反倒能藉此拉著爸媽一同揮灑色彩，完成多姿多采的回憶。

首先，爸媽可帶著孩子參與彩繪館裡闖關式的體驗活動，了解拓印畫的製程；接著，親子一起動手製作彩色筆、蠟筆，甚至還可用人體彩繪顏料，在彼此身上作畫。

就算沒有繪畫天份也無妨，館方另提供模版，讓大小朋友依樣畫葫蘆，協助你完成身上的塗鴉，再配合館方提供的服裝道具，大殺相機記憶體，留下不滅的精采回憶。

敲打音樂夢，回憶童年樂章

你心中還有敲敲打打、叮叮咚咚的節奏沒忘懷嗎？原為生產及組裝鋼琴的東和音樂木業公司，近年特別設置了東和音樂體驗館，在這裡，除展示有各式別具特色與古老價值的鋼琴之外，還以剖面的方式，拆解了十多架鋼琴，讓大小朋友一探鋼琴內部的構造與發音原理。

在環保音樂區裡，常見的汽油桶、塑膠水桶、洗

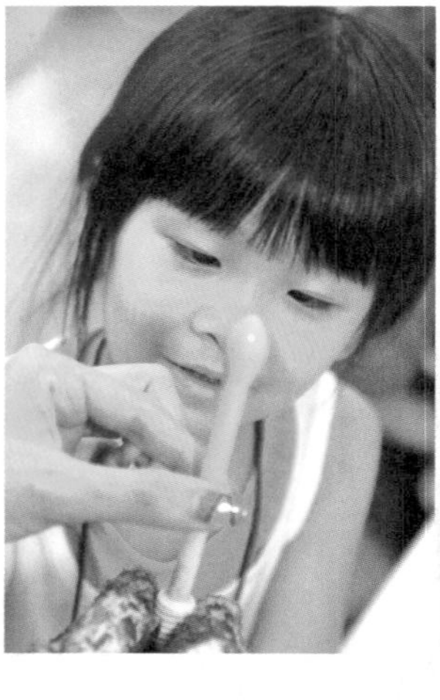

衣板、炒菜鍋、廢暖器管、餅乾盒、舊水管，統統變身成為打擊樂器，親子們可以一同敲敲打打，體驗各種聲響的不同變化。除此之外，在體驗館裡，親子們還能進一步挑戰，嘗試組合直笛、口琴與鋼琴模型，難度自挑，大人小孩樂在其中。

木香童趣，體驗自然之樂

木工製品是最環保的素材之一，應用上千變萬化，兼具實用和美觀價值。以幼教用品和教具起家的老樹根，是台灣第一家木頭觀光工廠，光是這裡的商品展示區就有多達三百種以上的DIY木器；而在魯班益智館裡，更以接榫的概念，製作多種益智玩具，讓小朋友能親手體驗拆、解、堆、疊樂趣，了解製作木工器具的獨特工法。

當然，參觀從樹木到木器的製作過程，是木工工廠最重要的體驗。來到這裡，可以陪孩子們一起戴上護目鏡，親眼目睹老師傅們是如何將樹木刨鋸裁切成木材、進一步製成木器。園區裡還有獨角仙小棧、木頭鳥咖啡館、木藝驚奇館和台灣文化木偶館，全都是與木頭相關的規劃與展示。如此一趟木香體驗之旅，收穫滿載。

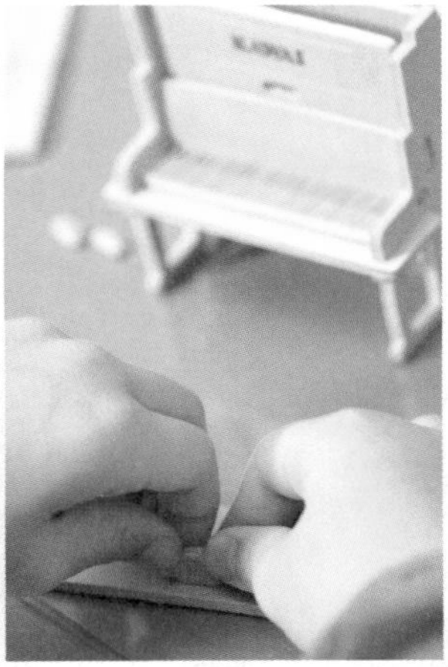

燈籠高掛，新舊同耀

提起燈籠，早年孩童們總會在元宵節時，以牛奶罐、竹枝、玻璃紙、宣紙自製簡單的小提燈，邀約三五好友，摸黑走夜路，看一盞盞小提燈忽明忽滅，煞是有趣！隨著時代變遷，如今，竹編燈籠已從早年扮演著照明工具的實用性質演變為裝飾性質；甚至廟會或節慶上所使用的燈籠，也已被大量製作的塑膠燈籠所取代。

要重溫古早燈籠童玩趣味，走一趟以傳統與現在藝術結合文化產業的光遠燈籠，稍稍能從中找到燈籠蘊藏於婚、喪、喜、慶的人文意義，明白燈籠在傳統文化中的精神象徵。透過親子協力操作，孩子們能進一步了解燈籠從竹編與傘架式演進的差異，以及燈籠各種造型與圖案的意義；大人小孩從中體驗傳統工藝的美學與先輩的巧思。

最能拉近親子互動關係的，就是陪著孩子遊戲。走訪觀光工廠、動手體驗各項工藝趣味、甚至將成品帶回家，如此一趟旅遊，親子間的情感自然地交融、滋長。因此可說，傳統童玩與工藝帶給爸媽回憶的重現之餘，也給孩子無限新奇的體驗。就讓這份回憶與新鮮感共同醞釀出親子間緊密的默契，這是多麼棒的一件事！

剪黏古工藝，彩繪新親情

不管你的信仰為何，總能看見台灣街頭巷尾座落著許多廟宇建築。廟宇與一般建物最大的差異是，有著許多交趾陶和剪黏裝飾在飛簷椽柱上。雖然其中忠孝節義的故事大家或許都耳熟能詳，但有著鮮豔色彩與高度工藝技法的剪黏、交趾陶從何而來？恐怕很多人都不知所然吧！

板陶窯交趾剪黏工藝園區，是大家認識這項既傳統又特別工藝的好地方。園區重現了五十年代的農村生活景致，相信會讓許多爸媽會心一笑、觸發兒時記憶。交趾陶和剪黏的歷史發展與製作工法的介紹，是不容錯過的；工坊另提供有陶盤彩繪、動物陶偶彩繪、馬賽克拼貼和繪葉書四種DIY固定課程，更能引發親子體驗的樂趣。

information

- **地址**：桃園縣大溪鎮信義路226號
- **電話**：（03）388-2215
- **營業時間**：週一至週日9：00～16：00。上午活動時間9：30～12：00，下午活動時間13：30～16：00。
- **收費方式**：半日遊200元。
- **網址**：www.music4fun.com.tw
- **備註**：請於7天前預約，接受一般遊客前往。40人以上團體可參加一日遊行程。

桃園縣

東和音樂體驗館

對喜歡音樂的孩子來說，學習彈鋼琴是最基本的第一步。不過，你知道鋼琴是怎麼發出聲音的嗎？相較於直笛、鐵琴等其他樂器，要讓鋼琴發出聲音，需要很多零件的幫忙呢！來到東和音樂體驗館，可一探究竟！

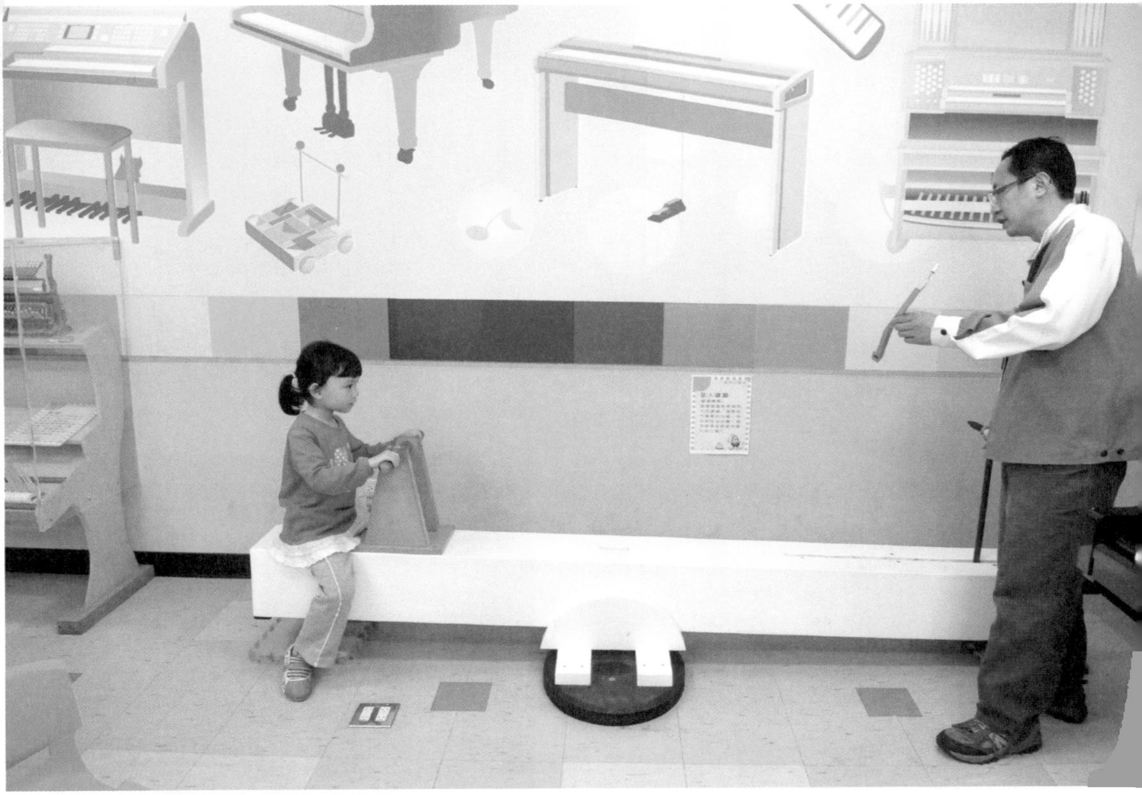

透視鋼琴構造，找出發聲原理

從六〇年代即開始生產及組裝鋼琴的東和音樂木業公司，近年來特別設置了東和音樂體驗館，以解開鋼琴結構的祕密為主，輔以各種音樂體驗活動，讓孩子輕鬆了解看不見的聲音究竟是怎麼發出來的，以及如何運用各種元素讓聲音產生變化。

走進東和音樂體驗館，首先映入眼簾的是鋼琴展示區，這裡所展示的，全是古老又有特色的鋼琴，價值非凡，很值得一瞧。

走上二樓，就是鋼琴大解剖區，總共拆解了十多架鋼琴，讓孩子能清楚了解鋼琴每一個部位的構造及原理。

在這些赤裸展示的鋼琴旁，還設置了簡單的體驗遊戲，像是從巨大的鍵盤蹺蹺板，可以了解重量與琴鍵彈奏的關係；或試試不同材質的音槌和弦發出的聲音有何不同；利用音叉了解響板的功能等。

在了解鋼琴的內部構造之後，還可以深入鋼琴工廠，了解組裝過程。工廠裡不以玻璃窗隔開，僅畫黃線區隔工作區和參觀路線，因此，可近距離了解每一個組裝步驟。

而最讓人驚奇的，是打鍵室裡的測試動作，只見機械手臂不斷地敲擊琴鍵，傳出極快的琴音。原來這是為了安定打弦系統，使關節靈活穩定，同時固定音高頻率，因此，以每分鐘敲打七百五十次、連續敲打十五分鐘的方式來打鍵。

破銅爛鐵變出美妙樂音

東和音樂體驗館裡還設有環保音樂區，使用常見的汽油桶、塑膠水桶、洗衣板、炒菜鍋、廢暖器管、餅乾盒、舊水管等，做成各種打擊樂器。在這裡，可以盡情隨心中的節奏敲敲打打，聽聽看每一種鍋桶所敲出的聲音，辨別它們的音高和音質各有何不同？

館方還將夜市裡常見的遊戲，像是棒球九宮格、彈珠台、套圈圈等，與音樂做結合。從彈珠台的上方丟入一把玻璃珠，滾落到最下方，就會彈奏出高低不一的聲音，彷如大珠小珠落玉盤，原來底下藏了一台鐵琴。

想知道弦和聲波是怎麼振動的？這裡都有將其視覺化的遊戲可體驗。

還有，爸媽兒時記憶中的叫賣聲，常見的門鈴、波浪鼓等，都可以利用日常生活中的回收瓶罐等物品來製作，充分發揮「物盡其用」的精神。

另外，有一個閃洞洞測試手眼協調的遊戲，乍看之下似乎與音樂無關，卻是需要造琴師傅的手藝才做得出來。

來到這裡，記得每一樣遊戲都試試看，才不虛此行。還可以順便偷學一、兩招做環保樂器的方法，回家時，親子一起做做看，開一場特別的音樂演奏會吧。

在透過各式各樣的遊戲認識聲音和鋼琴的奧妙後，孩子無形中可能對音樂產生好感，更容易樂在其中，也更樂於學習。

這裡最好玩！

在體驗各種音樂活動之外，在這裡也可以嘗試組裝直笛、口琴，或是鋼琴模型。直笛只要用雙手就可以組裝，口琴則需要用到螺絲起子，鋼琴模型較多細節，需要有一定的耐心。爸媽可以視孩子的成熟度，選擇其中一項來體驗。

東和體驗館還有一個聲音體驗區，內容相當豐富有趣，但因為只開放給四十人以上團體參加，一般家庭前往時並無法參與。若感興趣的話，可以建議學校將其列為校外教學的選項。

東和音樂的故事

由於臨近桃園復興鄉，容易取得紅檜、槐木、樟木、梢楠木等上等木材，再加上漆料品質優良，大溪自明清時代開始，就是木製家具的生產地。而東和木業公司在開業之初，即因地利之便，在此生產電視機的木製外殼和拉門，曾替大同及東元等廠商代工。在五〇、六〇年代的全盛時期，大約有三分之一的大溪人在東和工作。

六〇年代，東和在因緣際會下，成為日本河合鋼琴KAWAI台灣總代理，開始生產及組裝鋼琴，從此讓東和與音樂結下不解之緣。

東和除引進日本河合的音樂教案，也自行生產直笛和口風琴等樂器，後來更擴及生產電吉他、音箱、變音器等電子音樂相關產品。

此外，東和還將鋼琴烤漆技術應用在廚具上，讓各種廚具變得耐用又美觀。

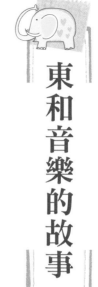

親子時光Q&A

Q1 鋼琴是怎麼發出聲音呢？

鋼琴的發聲原理是按下鍵盤後，鍵盤會撞擊打弦系統，打弦系統中的音槌會打擊弦，弦的振動會透過弦駒傳到響板，響板產生共鳴後，就會發出聲音。

Q2 鋼琴是誰發明的？

在巴洛克時代，有兩種類似鋼琴的樂器，一種是用機械撥弦裝置撥動琴弦的羽管鍵琴，其音量大小是固定的；另一種是用銅楔槌擊打琴弦的古鋼琴，音量稍可變化，卻過於小聲，因此無法做大型演出。直到一七〇九年，義大利的樂器製造師克利斯托弗利（Bartolomeo Cristofori）結合羽管鍵琴和古鋼琴的原理，研發出新的擊槌裝置，命名為「有強弱的羽管鍵琴」（gravicembali col piano e forte），於是創造出世界上第一架鋼琴。之後，鋼琴的擊弦系統在各代鋼琴製造師的手中不斷改良進化，才逐漸演變成今天的模樣。

吃喝玩樂去！

李騰芳古宅

地址：桃園縣大溪鎮月眉里9鄰月眉34號
電話：（03）388-6852
時間：週二至週日9：00～17：00開放參觀，週一、國定假日、民俗節日休館。週六、週日於10：00、11：00、14：00、15：00各有一場導覽服務。
網址：blog.yam.com/tengfang

李騰芳為清代舉人，其父李炳生運用大漢溪航運經營米穀事業，以商號「金興」盛極一時。此宅邸落成於一八六四年，為客家傳統建築樣式，兼具三合院及四合院格局。屋頂的燕尾翹脊及馬背屋脊，以及內部的書畫、木雕、泥塑都是觀賞重點。

和平老街

地址：桃園縣大溪鎮和平路

大溪在早期那個航運興盛而繁華的年代裡，有許多興建豪邸和寺廟的需求，而大量手藝精湛的唐山木雕師也被延攬至此，再加上容易取得木材資源，逐漸發展出木器業，大量生產家居、宗教及童玩用品，這些店家多半集中在和平路上。此外，日治時期頒布的「市區改正法」，讓這裡的老屋都裝飾著華麗的巴洛克雕花立面，至今大多保存得相當完善，值得細細瀏覽。

百年油飯

地址：桃園縣大溪鎮民權路17號
電話：（03）388-1681
時間：11：00～20：00（**賣完為止**）

創立於清末，原名為「永樂亭」，在一九九五年才改名為「百年油飯」。主要經營滿月油飯、新娘米糕、油飯批發，特選口感較Q的圓糯米，搭配復興鄉的香菇，以及魷魚、溫體豬肉、蝦米等材料，用小火手工拌炒，強調少油、少鹽，嚐來軟香而不油膩。其他如肉羹湯、四神湯、龍骨髓湯及人蔘雞湯，也都是深受顧客喜愛的招牌料理。

我家的小小旅行回憶

——用相片、文字、戳記、剪貼，收藏旅遊的回憶和感動！

★日期

★天氣

★同遊夥伴

大溪藝文之家

地址：桃園縣大溪鎮普濟路21-3號
電話：（03）388-6461
時間：週二至週日9：00～21：00
網址：www.dsartvilla.com.tw

是一個結合大溪公會堂和蔣公行館的藝文、餐飲空間。公會堂始建於一九二一年，曾做為裕仁皇太子來台時侍從官的休憩場所，一九三二年改建為英國「辰野式」風格紅磚建築。蔣公行館在日治時代為公會堂的寢室與廚房，在一九五〇年代改建為黑瓦磚造平房，包含會客室、餐廳、廚房、臥室及書房等。來到這裡，除可參觀當期展覽及用餐外，因座落在大漢溪畔的台地上，可居高臨下欣賞河谷風光。

武德殿

地址：桃園縣大溪鎮普濟路33號

建於一九三五年，原為柔道及劍道練習場，在大溪公會堂改為蔣公行館後，成為憲兵隊駐紮地，現今則為藝文活動展場。建築屬日本的寺殿風格，類似中國的唐朝風建築。一九九九年整修後，保留屋頂的木造結構及青銅裝飾，其他則改為水泥牆及洗石子護欄。

台中市

老樹根魔法木工坊

「小朋友們，大家好！我是杉木姊姊，這裡還有胡桃木哥哥和鐵木妹妹！」以樹名為代號的導覽人員，一進場的自我介紹就吸引了大小朋友的注意，依照樹木種類與孩童的互動問答，馬上就讓害羞的小朋友們，轉為一陣搶答的笑鬧聲，也點燃前來參觀木頭樂園的期待心情！

information

* **地址**：台中市南區樹義路63號
* **電話**：（04）2262-8621
* **營業時間**：週二至週五9：00～17：30（限30人以上團體），週六至週日9：30～17：30（散客團客皆可），寒暑假週二至週日9：00～17：30（散客團客皆可），週一休園。
* **收費方式**：入園費每人100元（可全額折抵消費），DIY體驗依類別另計。
* **網址**：www.mutou-wood.com
* **備註**：30人以上團體，採預約參觀。

認識哈木將的木頭事業

第一站跟著哈木將的公仔，進入由舊木工廠改造的DIY手動館和商品館，處處可見仍刻意保留著工廠樣貌，特別是過去方便施工的泥地面，和裝有滅火粉消防設備的天花板，都有著早期木工廠經營的痕跡，也可藉機讓爸媽和孩子一同想像工廠的舊日光景。如今，除了將DIY手動館打造為體驗教室之外，商品館的展示區裡，更陳列了三百多種DIY木器。依照功能分類的愛唱歌、愛散步、愛玩水……等木器，將富含音樂、科學或機械原理的設計，依照年齡區分、包含在各式各樣的玩具商品裡。如此兼具趣味和童心的研發，讓小朋友忍不住動手試玩了起來。

離開DIY手動館，導覽人員告訴小朋友們，廠房後方的園區有更多好玩的在那兒！循著學習步道來到戶外園區，會先看到一片欣欣向榮的熱鬧

菜園，原來這是哈木將媽媽的青菜園，也成了小朋友認識自然生態的教學區，可趁機考考大小朋友認識了幾種蔬菜呢！往前走，不遠處，一棟土角厝三合院佇立眼前，大伙兒可以在院子裡的芒果樹下休息乘涼，聽聽園主哈木將在這裡土生土長的故事，這才明白戶外園區是哈木將過去的祖厝和田地整頓而成，可在此感受早年鄉村生活的景況。

有學又有玩的木頭樂園

位於土角厝旁的魯班益智館和木頭工房，不斷傳出敲敲打打的聲響，早已將小朋友的好奇心給吸引過去。魯班益智館取木匠祖師爺之名，以木頭接榫的概念，製作了多組益智玩具，讓小朋友透過拆、解、堆、疊的方式手腦並用，或安排創意木頭遊戲，深入了解木材的多元趣味。

大小朋友一起玩，不但可從中

激盪出更多樂趣，也能透過誘導式教學，從玩樂中進一步學習。

對於木器是怎麼製作出來感到好奇的小朋友，可以參觀師傅正在實作的木頭工房，戴上護目鏡，並保持安全距離，就可觀看一根根木料如何磨成圓形、切成各式形狀；透過示範或體驗，了解木器的製作過程。

實際操作了多項木頭活動，想必大小朋友有些疲憊了，不妨走到獨角仙小棧、木頭鳥咖啡館和景觀遊具區，在草地上放鬆一下，好好休息。

一旁木製的遊樂器材更是小朋友的最愛；仔細看，還會發現溜滑梯和廁所，都是由巨大的樹木枝幹做成的喔！仍有體力的大小朋友，也可繼續參觀一旁的木藝驚奇館和台灣文化木偶館，欣賞來自世界各地的創意木製商品，和館方以土地公、原住民、媽祖等代表性人物所設計的台灣意象木偶系列，感受傳統木工廠轉型為文化創意產業的過程和用心，讓這趟木香之旅收穫滿滿！

老樹根的故事

身為台灣第一家木頭觀光工廠的老樹根，最初是以幼教用品和教具起家，擴展為生產原木兒童遊具、教具、涼亭、花架等景觀木作的傳統工廠。一九九三年全盛時期，老樹根的觸角幾乎遍及各大幼稚園和公園，更陸續研發專利遊具和教具，甚至轉往老人健康運動和兒童玩水器材發展。然而，一九九九年起，隨著少子化現象影響工廠生意，讓園主處於半退休狀態的經營方式，甚至一度想將廠房出租。

這期間，園主曾碰過一位外國人來廠內詢問能否提供木材和設備，想自行製作木書櫃；另目睹鄰居利用從工廠蒐集來的廢料，搭建成一個木頭遊戲區……這些小故事讓園主發現，原來木作和木頭創意可以跟生活如此親近，因此，開始積極參與觀光工廠的計畫，終於在二〇〇五年通過申請，也讓老樹根蛻變為以產業文化為主軸的園地。

老樹根觀光工廠如今以木頭為素材、教育為核心的設計理念，融入遠赴國外參訪的經驗，自行規劃園區和導覽課程內容，漸漸吸引教學團體的注意與好評，逐步擴展名聲，並於二〇〇六年陸續獲選為創意生活產業園區、台中市地方文化館及「在地遊學、發現台灣」的遊學路線之一。

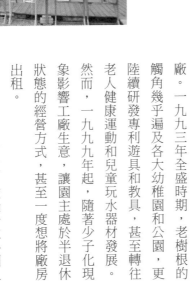

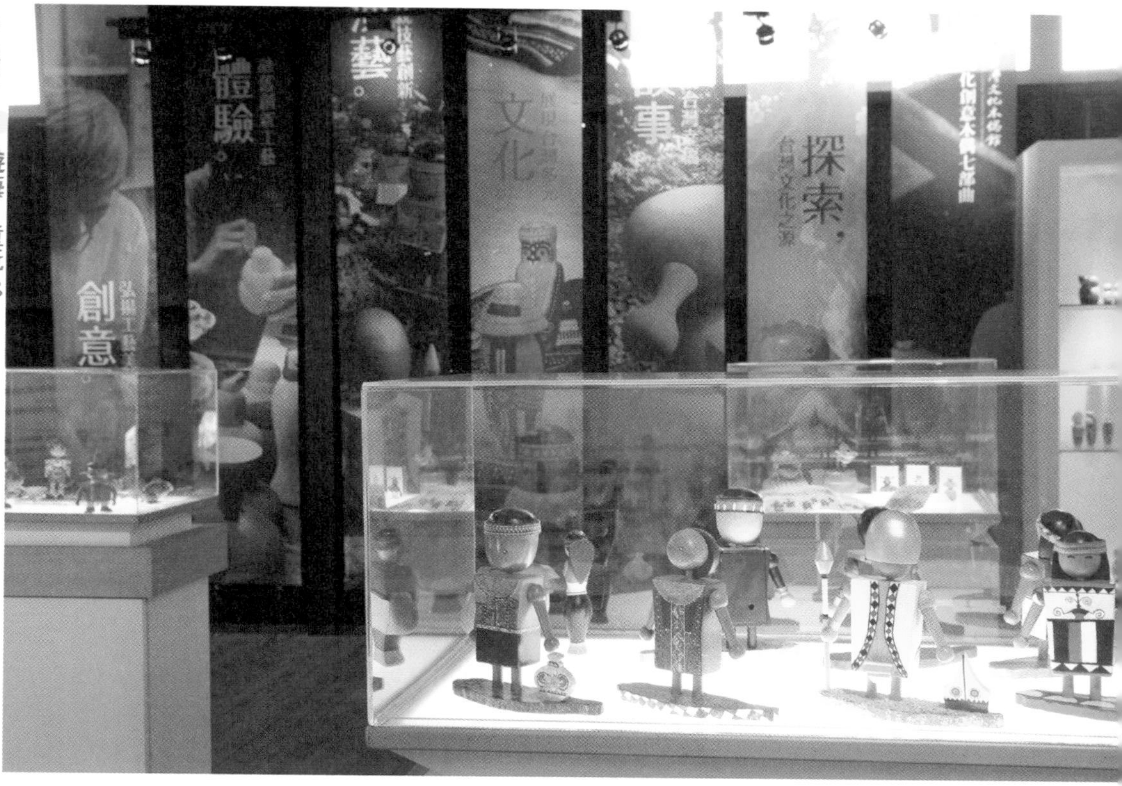
創意
體驗。
文化
探索，
台灣文化之源

吃喝玩樂去！

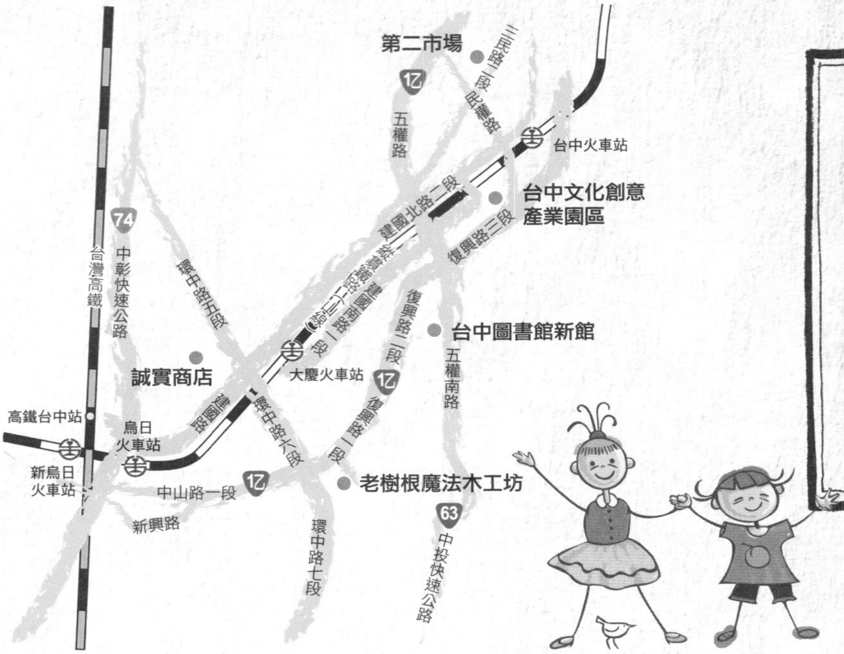

台中圖書館新館

地址：台中市南區五權南路100號
電話：（04）2262-5100
時間：週二至週六9：00～21：00，週日9：00～17：00，週一休館。

來圖書館玩？台中圖書館新館，有如一艘太空船艦停在市區綠園道，流線時尚的外型和館前的綠地造景，就算不入內參觀，也已然成為新興景點。作為全台第一座數位資訊圖書館的新館，在軟硬體上都打破傳統圖書館印像，將五層樓以悠閒愜意的設計概念，分成書籍區、數位中心、體驗區、兒童學習中心、故事屋……等空間，互動趣味式的服務設備，讓親子都能享受到驚奇的學習樂趣。

誠實商店

地址：台中市南屯區楓樹里樂田巷2之1號

誠實商店，乍聽店名有些搞笑，卻是間不折不扣沒老闆和店員的社區商店，消費全自憑良心投入「誠實甕」中！運用舊雜貨店整理而成的店鋪，裡面販賣有古早童玩、零嘴、環保清潔用品，及社區媽媽製作的茶葉蛋、麻薏枝仔冰和社區導覽紙扇，包含咖啡也都自己煮；喝完之後得自行清洗乾淨、歸位，完全自主的模式讓人更加愛護這個環境，也意外成為親子遊客的機會教育場所。

我家的小小旅行回憶

——用相片、文字、戳記、剪貼，收藏旅遊的回憶和感動！

★日期 ★天氣 ★同遊伙伴 ★沿途風景 ★最難忘的事 ★最好玩的事 ★最驚奇的發現 ★最得意的作品 ★非玩不可的經驗 ★一定要拍的……

台中文化創意產業園區

地址：台中市南區復興路三段362號
電話：（04）2229-3079
時間：戶外空間6：00～22：00，室內展館依活動申請開放。

前身為台中舊酒廠的台中文化創意產業園區，是國內酒廠工業遺址保留最完整之處。園內除將十六棟歷史建築作為文化部文化資產局辦公室，也規劃開放多處藝文展覽館、主題餐飲空間、舞蹈排練室、酒文化館、文創商店等主題空間，結合藝文展演與古蹟活化，不定期推出各式展演活動，是喜愛藝文氣氛的遊客不可錯過的景點！

第二市場

地址：台中市中區三民路二段87號

第二市場位於中正路與三民路口，雖位於舊市區，卻是許多老台中人推薦的在地小吃匯集地。超過八十年的市場建築，散發出古樸簡單的氛圍；規劃良好的走逛動線，讓遊客輕易就能找到期待已久的小吃美食，如王記菜頭粿、丸一鮮魚行、茂川肉丸、三代福州意麵、魯肉飯等攤位，都是人數指數破表的店家。熱愛小吃料理的遊客，不妨來這裡尋寶祭祭五臟廟。

台中市

台灣氣球博物館

還記得在園遊會裡，孩子手中拿著充氣飽滿、彷彿隨時要飛向天空的氣球時，臉上那抹微笑嗎？或是在街頭看著小丑雙手一扭，尋常氣球隨即幻化成各式可愛動物的興奮之情嗎？做好準備囉，這趟旅程將帶領大小朋友一同進入氣球五彩繽紛的驚奇世界！

information

- **地址**：台中市神岡區岸裡村大豐路2號
- **電話**：（04）2523-4126
- **營業時間**：週一至週日9：00～12：00、13：00～17：00兩個時段。
- **收費方式**：依照參觀項目和時間，分成三種行程，費用從每人100元至200元不等。
- **網址**：www.prolloon.com.tw
- **備註**：每日的兩個時段有名額限制，最好事先預約。

進入氣球的多變世界

在正式走進由五十年歷史廠房改建的博物館前，第一站招待室已經完全挑起孩子們的玩興。在導覽人員活潑的互動下，各色造型氣球在孩童們的驚呼聲中一一登場，同時引導出博物館的影片介紹。

「大倫氣球」前身為「大倫化學工業股份有限公司」，成立自一九六〇年；自六〇年代起，即為台灣第一大的橡膠氣球工廠，並從一九九三年起，成為在台灣碩果僅存的氣球製造工廠。為讓國人知道台灣不僅自行生產氣球、且外銷成果斐然，近年來轉型開放成為觀光工廠，提供民眾親身參觀並進一步認識氣球的機會。

偌大的廠房，正好提供館方精心設計不同主題最佳的遊憩場地。親子進入博物館內，除了介紹氣球歷史、原料作法等，還展示舊有機器和製作影片，讓參觀者能近距離觀看早年氣球的手工製法，讓小朋友明白手中輕巧的氣球，原來得經過這麼多道程序才能製成。

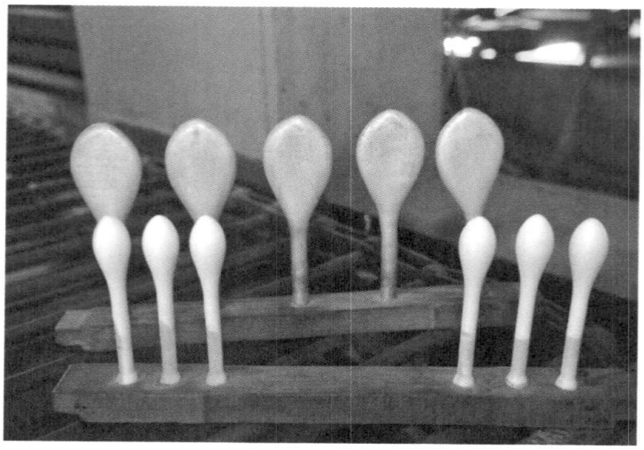

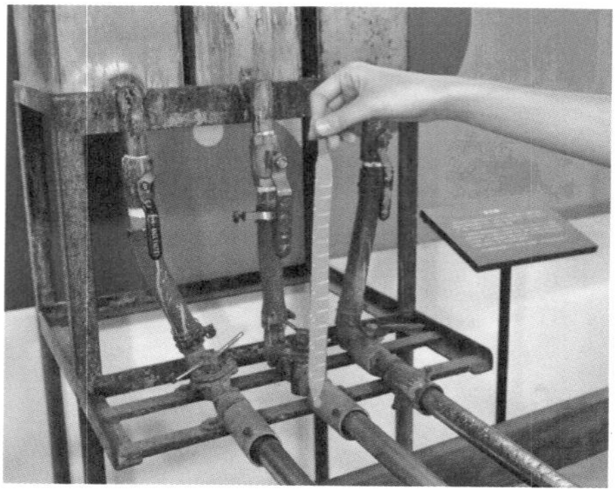

接著，來到氣球應用區，更讓大小朋友大開眼界，林林總總的氣球造型和玩具氣球，經過導覽人員現場一一示範，讓小朋友笑鬧之餘，也見識到氣球五花八門的樣貌。

在看過豐富的氣球種類和應用，吊足了孩子們胃口後，緊接著登場的DIY教室和遊戲區，讓大小朋友在此度過美好時光。

玩造型氣球，驚呼連連

迫不及待衝進DIY教室的小朋友，將發現前方桌上已經放著剛剛在博物館內介紹過的模具，和預先準備好的各色乳膠液，再聽過導覽人員的詳盡教學後，就能體驗自製氣球的過程喔！

完成後，在等待乳膠乾燥的同時，精采刺激的造型氣球DIY正式登場。大小朋友在導覽人員的指導下，一吹一扭之間完成了貴賓狗、寶劍、蜻蜓……等可愛成品。此起彼落的爆破聲和尖叫聲充滿整間教室，不管是DIY失敗或成功的小朋友，都能在此感受氣球的多變和歡樂氣氛。

大小朋友玩上癮了，也可預約參加館方推出的氣球遊戲、氣球燈籠DIY和夏季限定的水球大戰，以分組趣味競賽方式，讓親子發揮合作默契，盡情享受遊戲的樂趣。特別是水球大戰，在館方預留的獨立遊戲區，讓孩子們可以盡情地奔跑追逐，搭配適度的比賽小遊戲，讓每個人都敞開心、玩得一身濕，捨不得結束呢！

隨季節推出的活動不僅於此，館方在每年的母親節和年終等時節，也會舉辦吹牛比賽、氣球音樂會、氣球鐵人大賽、創意氣球裝大賽等大型活動，將音樂、運動和戲劇等創意與氣球結合，讓氣球不只是節慶商品，也能成為生活的樂趣之一，留下親子間美好的記憶！

氣球在台灣的故事

一九六〇年代的氣球製作方式，是傳統手工生產作業，當時人力需求大，工作環境高溫且氣味難聞，生產環境十分惡劣。到了一九八〇年代，人工紛紛往大都市或加工區移轉，讓台中縣市的氣球工廠多半出現人力短缺的現象，導致全盛時期全台約有二十多家氣球工廠，陸續面臨關廠倒閉的命運。

當時，大倫氣球察覺到人力問題，決定向國外採購自動化生產設備，並積極參與國際玩具展或出國參展，行銷的腳印踏遍一百二十多個國家，將市場調整為對外貿易的決策，讓大倫氣球成為台灣唯一倖存的氣球製造商。如此延續下來，才有今日觀光工廠的面貌。

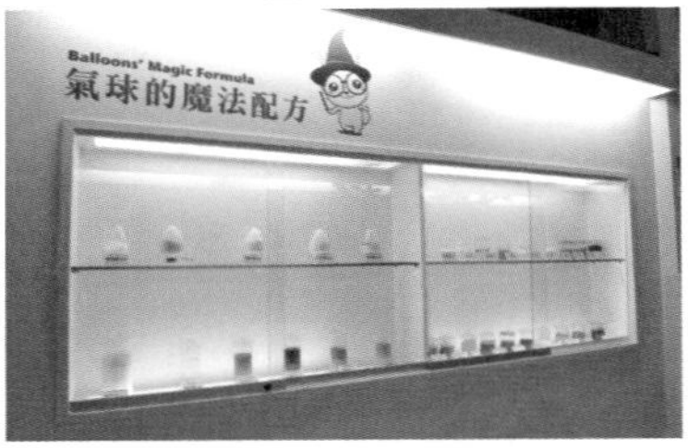

親子時光Q&A

Q1 可以忽大忽小的氣球，是用什麼材料做成的呢？

本來小小的氣球，灌進氣體後，可以變得好大好大，小朋友有沒有想過，是什麼神奇的材料具有這麼好的延展性？其實氣球的主要材料，是從橡膠樹上採集而來的汁液，經過過濾和濃縮的初步處理，就成了橡膠液的原料。橡膠的加工產品很多，生活中舉凡輪胎、籃球、鞋底、橡皮擦等都是，氣球也是其中之一。

Q2 為什麼有些氣球有圖案，是畫上去的嗎？

氣球上的圖案不是用畫的，是用特殊機器印刷上去的。氣球印刷與紙張印刷不同，不是在平面上進行，必須將氣球充氣到一定程度，直到氣球表面有足夠的張力讓油墨留在上面，經過絲印、移印和噴墨三種印刷方式，才能讓圖案印在氣球上。印刷完成後，還得放入烘乾機內烘乾，讓氣球回復原狀，才算大功告成。

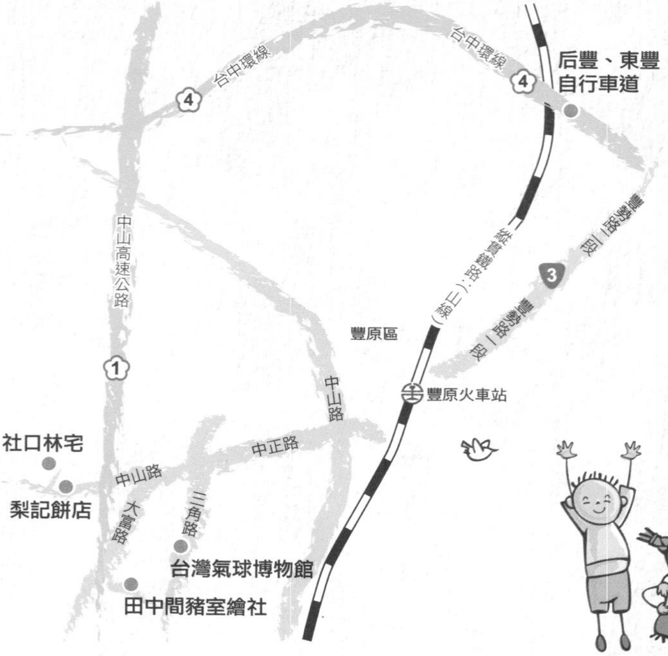

吃喝玩樂去！

后豐、東豐自行車道

地址：國道1或3號接國道4號，由豐原東勢交流道下迴轉，沿國道4號橋下約50公尺可到達。

后豐和東豐自行車道，範圍橫跨台中東勢、豐原、石岡與后里區，向來是假日親子出遊的踏青勝地。兩條自行車道銜接後，總長十八公里的路途上，可綜覽鐵道舊山線、大甲溪谷、果園風光和客家小鎮等，沿途有豐富的自然人文景觀，也讓親子透過實地的走訪，更加了解中部鄉鎮的文化地景。

社口林宅

地址：台中市神岡區社口村文化街68、70、72號

藏身在社口聚落的林宅，又稱為神岡大夫第，為清朝時期的官職名稱。目前稱為大夫第的古宅已不多見，社口林宅又與摘星山莊、筱雲山莊並稱為葫蘆墩地區的三大宅第，為指定三級古蹟。因古宅仍有後代居住，來此欣賞這二進多護龍式的四合院宅邸時，應特別留意不影響住民生活才好。

梨記餅店

地址：台中市神岡區社口村中山路520號
電話：（04）2562-7135
時間：8：00～22：00

梨記餅店有著百年歷史，是中部糕餅重鎮的知名餅店。自一八九四年創立以來，即以台式月餅聞名。其中，綠豆椪以綠豆搭配豬肉、蔥油、芝麻的餡料，加上特殊的雙面烘煎法，金黃香酥的餅皮和綿密細膩的口感，傳承四代以來仍未流失，也讓老顧客代代跟著品嚐，廣為流傳。

田中間豬室繪社

地址：台中市神岡區中興路102巷18號
電話：0912-326-828（須事先預約）
時間：10：00～21：00

古色古香的三合院建築，牆面上卻畫著讓人眼睛一亮的童趣繪畫，反差又協調的情境，是座落在田中間豬室繪社給人的第一印象。走進老房子和豬舍整理而成的室內空間，已打造成簡潔溫暖的咖啡輕食區、展覽室和繪畫室，處處可見個性鮮明的畫作，原來這裡是學美術出身的店主人的祕密基地，歡迎有相同愛好的人來參觀！

光遠燈籠觀光工廠

一個個漂亮的燈籠，讓大小朋友看了眼睛亮了起來，一顆心也暖呼呼的。要認識這項傳統工藝之美，遊一趟光遠燈籠工廠準沒錯！當光線透過花布暈染滿室柔光，漸黑的夜色中，高掛的點點燈籠一一亮起，像是溫暖的指引，美妙的氣氛讓大人小孩讚嘆連連！

傳統手藝燈籠轉型

經過改良的光遠燈籠，沒有忘記傳統燈籠為人點燈的初衷，以此文化意涵為底蘊，融合深具現代美感的布料和設計，讓原本僅有廟宇和店家使用的燈籠，也能進入日常生活，將這項工藝與文化長留在居家中。

說到傳統手藝燈籠轉型為現代工藝的故事，就不能不提及光遠燈籠的發展脈絡。一九六四年從高雄鳳山起家的光遠燈籠，創辦人謝亦焜有感於傳統燈籠手工繁複，決定舉家遷移到燈籠材料「竹子」的集散地竹山發展，尋求較先進的機械設備，因而定居於現址。

一九七九年，隨著燈籠事業穩

information

* **地址**：南投縣竹山鎮延平二路11號
* **電話**：（049）264-2394
* **營業時間**：週二至週日10：00～17：00（團體遊客），週六至週日10：30～17：00（散客團客皆可），週一及國定假日休館。
* **收費方式**：入園費每人50元，彩繪布燈籠DIY大人300元，小孩200元。
* **網址**：www.ever-shine.com.tw
* **備註**：採預約參觀，不論個人或團體須在7天前預約。周末開放定時導覽，10：30、11：30、14：30、15：30共四梯次。

定、第二代謝志成接手，才開始著手改良基本架構，將過去耗費大量人力與時間的骨架與燈籠座，改為可自動化生產的雨傘式鐵骨架和塑膠座，一舉改善燈籠製作技術和材質，讓原本一天僅能組裝一百支骨架的速度，進化為一天三百支。

有了耐用便利的骨架，謝志成將重點移到燈籠表面材質。一九八七年起，陸續試驗尋找，終於找到彈性和韌性俱佳的TC布，成功取代早期的紗布材質，也提升產能和擴大樣式，正式將傳統燈籠產業帶入新的紀元。

注入文化創意的火花

燈籠過往以寺廟或節慶活動為主要銷售門路，在年輕的第三代謝雅純姊妹承接後，因緣際會開發製作出花布燈籠，為這五十多年的傳統工藝，注入了文化創意的火花，也順勢將傳統燈籠轉型為居家裝置的藝品。

這裡最好玩！

在文化館的解說行程中，館方保留了許多傳統燈籠供親子實際操作，讓小朋友操作竹製和傘式架構的差異性；親手感受收放燈籠的動作後，才發現燈籠並不如想像中容易製作。許多燈籠甚至比小小朋友還大，讓大小朋友同呼有趣！

自二〇〇七年起，陸續整修增建的燈籠展示中心、傳統燈籠文化館及DIY彩繪區，就是以此概念為設計方向，並正式於二〇一〇年通過觀光工廠的認證。

淵源久遠的燈籠文化，蘊含著豐富的人文風貌，為讓來訪的遊客能深刻感受，文化館以仿古磚造的樣式，懸掛大量純手工繪製的廟宇燈籠，配合立牌和解說員的現場示範，大小朋友會發現每個燈籠的樣式、顏色和字樣，都有其來歷和用意，尤其是因應廟宇慶典儀式而生的樣式，背後都有著深遠的典故，不妨仔細聽聽每個燈籠的迷人故事。

有別於文化館，燈籠展示中心以後期研發的花布燈籠、花器、燈飾及竹編等延伸藝品，布置出典雅柔和的參觀空間。在這裡，小朋友很快就會發現每種燈籠的布料材質和形狀都不同，所營造出來的情境也完全不一樣；跟著解說員的帶領，見識燈籠有蛋形、桶形、圓形、鑽石形、菱形等多元造型。

隨著燈籠尺寸的變化，可懸掛和擺置空間也大異其趣，走訪一圈，就像上了一堂燈籠美學課，讓大小朋友感受燈籠藝品的多變和美麗。

傳統燈籠的故事

隨著時代演進，傳統燈籠的角色從過去的照明設備，到現今的民俗工藝品，其使用方式也大異其趣。其實，除了在廟宇常見傳統燈籠之外，過去燈籠的用法與人們的生活息息相關。以人生最重要的婚、喪、喜、慶等四大場合為例，都有其各自應懸掛的燈籠和象徵意涵。尤其從傳統燈籠衍生而出的文化，如燈籠宜掛雙數忌掛單數、居家燈和廟宇燈的區別、主神相對應的燈籠圖騰……等禮俗細節，都能藉由一個小小的燈籠，認識到傳統文化的精華。

親子時光Q&A

Q1 燈籠為什麼有那麼多種造型和顏色？

傳統燈籠的形狀，主要以桶形和蛋型為主，也是廟宇最常使用的造型，其他形狀皆是針對特殊節慶而衍生。此外，因各地的民俗風情不同，對於燈籠的顏色、用字和寫法也大不相同，如中北部地區偏好使用黃色系燈籠，文字是黃底紅字；南部地區則採用白色系燈籠為多，文字是白底紅字。這些不成文的規定，都與各地區的信仰風俗息息相關。

Q2 燈籠上的圖案好漂亮喔，有特別的意義嗎？

傳統燈籠上的圖案，總是熱鬧莊重，仔細看就能看出大多是瑞獸、神仙及其他吉祥象徵物。最常見的龍、鳳、虎瑞獸，通常都是廟宇主燈；不同的神明有其所屬的瑞獸，如三關大帝會採用龍虎圖、女性主神是龍鳳圖。其他如蝙蝠、萬字、如意、蓮花、祥雲等帶有福氣吉祥意涵的圖騰，多可在居家使用。

聖母

吃喝玩樂去！

竹山文化園區

地址：南投縣竹山鎮建國路742號
電話：（049）266-0192
時間：9：00～17：00，週一休館。

來到以「竹」聞名的竹山，當然得好好了解竹子與竹山的關係。竹山文化園區即以此地緣關係，規劃出竹博物館、地方產業館、地方文化館、皎月風竹廣場及大地竹境等五大空間，結合竹子產業文化與藝術，讓遊客深度認識竹山地區的發展脈絡。佔地六・八公頃的園區，也規劃了多條賞竹步道，適合親子家庭來此踏青、休憩。

百年廟口肉圓

地址：南投縣竹山鎮竹山路79號
電話：（049）264-2881
時間：10：00～21：00（賣完為止），週四公休。

連興宮旁的廟口肉圓，乾淨簡單的店面，搭配幾張桌椅板凳，一開就是百年光景。貼在牆上的菜單，寫著肉圓、貢丸湯、豆腐湯和綜合湯四道美味，就是鎮上人家喜愛的午後點心，特別是肉圓微炸過後仍保持Q嫩的外皮、紮實有咬勁的內餡，一顆下肚，不油膩恰可解嘴饞，難怪總是很快就賣完，假日想吃可要趁早！

連興宮

地址：南投縣竹山鎮下橫街28號

位於竹山老街的連興宮，已有二百多年歷史，是南投縣歷史最久遠的媽祖廟，也是當地的重要信仰中心。典雅莊嚴的三進廟宇建築，經歷多次整修，呈現前殿為土角磚造，後殿為水泥建築的演變，可看出歲月的痕跡。此外，殿內的黑面二媽祖，是肢體可活動的木雕傑作，也是極罕見的「軟身媽祖」，記得仔細端詳一番喔！

下坪熱帶植物園

地址：南投縣竹山鎮枋坪巷21之8號
電話：（049）264-5762

隸屬於台大實驗林之一的下坪熱帶植物園，距離市區僅三公里，園內栽植有五百多種熱帶果樹和林蔭步道、草坪休憩區、自然教室等設施，清新宜人的空氣和廣闊林地，正好適合爸媽帶孩子來此親近各類樹木及生態物種。時間充裕的話，不妨預約園區導覽解說，相信收穫會更多！

information

* **地址**：嘉義縣新港鄉板頭村42-3號
* **電話**：（05）781-0832
* **營業時間**：週二至週日9：30～17：30，週一休館。
* **收費方式**：門票每人50元，導覽解說每人50元（限30人以上團體），DIY課程視種類另外計費。套裝行程須電話洽詢。
* **網址**：www.bantaoyao.com.tw

嘉義縣

板陶窯交趾剪黏工藝園區

喜歡傳統工藝或廟宇建築的人，一定聽過交趾陶和剪黏這兩個名詞。交趾陶主題常以傳統民間神話、忠孝節義的人物故事，搭配花鳥、神獸及象徵吉祥的圖騰，裝飾在廟宇屋脊上，表現非凡的氣勢。來到板陶窯交趾剪黏工藝園區，可以重新認識這項傳統工藝在新時代的應用和可能性。

趣味卡通人偶激起玩興

穿過古色古香的木造園區大門，兩個調皮的小男孩立刻映入眼簾，仔細看，小男孩正在芒果樹下採摘芒果，一人撐竹竿，一人拿著帽子，準備接住掉下來的芒果，男孩頭上還站著貓咪幫他們加油。逗趣傳神的人偶表情，瞬間感染了剛進門的遊客；年長的遊客因重新回味兒時記憶會心一笑，小朋友則樂得搶著跟齊高的人偶合照。

園區以民國五十年代農村生活為設計主軸，草皮和牆面上處處可見創作，不管是爬滿牆面的苦瓜藤蔓、穿著制服坐同張桌椅的學童、準備翻牆抓羊的孩童，還是在溪中抓魚戲水的畫面等，都透過陶偶和馬賽克拼貼材質，以Q版的卡通人物造型，傳達出早期農村生活的樂趣，勾起遊客的玩興和好奇心。

除了讓遊客流連忘返的戶外庭園

區，園內還設有工藝館、體驗工坊、工藝產品販售區、板陶屋餐廳等。大小朋友與戶外陶偶合照完畢後，別忘了繼續往更有趣的工藝館和體驗工坊前進喔！

動手拼貼自己的馬賽克畫

大小朋友沿著工藝館的動線參觀，可了解交趾陶和剪黏的歷史脈絡、與嘉義新港的地緣關係及各式技法等資訊，從中對於交趾陶和剪黏這兩項技術的發展演變有清楚的認識。來到仿照茅草古厝的造景，這裡介紹園區創辦人陳忠正，自青少年時期北上宜蘭當學徒、習得技藝，而後返鄉開設陶藝廠的歷程。透過動人的故事介紹，不難看出早年出外學藝、打拚的辛勞。

此外，館內還特地設置了一座仿隧道窯，陳列著保存下來的老舊工具、成品及照片，遊客走過一遭，猶

如穿過時光隧道，重溫早年光景。

看完充實的展覽資訊，循著小朋友的笑聲，來到位於工藝館後方的體驗工坊。只見擺滿大桌子的教室裡，掛滿許多小朋友的彩繪和拼貼作品，繽紛創意的造型讓大小遊客看了都心動。目前，工坊提供有陶盤彩繪、動物陶偶彩繪、馬賽克拼貼和繪葉書四種DIY固定課程，現場有指導員引導操作；其中，尤以馬賽克拼貼最富挑戰性，遊客必須親自拿著鉗嘴工具，將方形馬賽克磚裁出所需的圓形、三角形或不規則狀，再隨個人喜好黏貼在木板上。這項課程難度較高，建議孩童要有大人陪同DIY，才能安全完成獨特的作品。

交趾陶落腳嘉義的故事

提到台灣的交趾陶，似乎總是和嘉義脫不了關係，事實上，嘉義的確在交趾陶發展中扮演重要的地位。

故事得追溯到一九〇四年發生的嘉義大地震，當時新港奉天宮嚴重毀損，地方人士為了整修寺廟，特地到廈門聘請人稱「尪仔福」的廟宇名師——洪坤福，來負責修復奉天宮廟頂的交趾陶和剪黏。修復期間，洪坤福就在新港一帶定居、授徒，因而嘉義成為當時交趾陶工藝的重鎮。

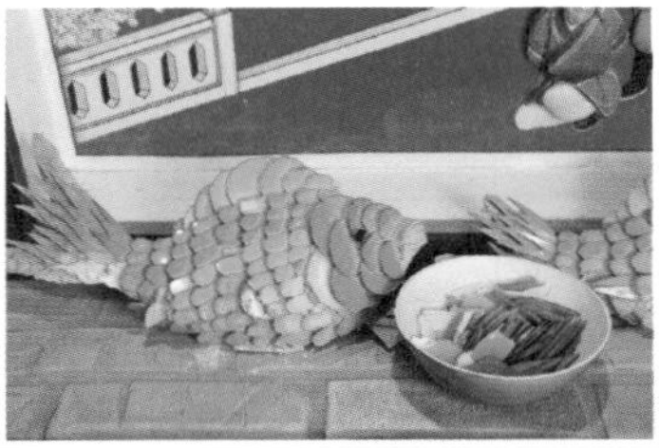

親子時光Q&A

Q1「交趾陶」聽起來很有趣，它是怎麼命名的？

交趾陶是一種低溫彩釉軟陶，名稱起源於十七世紀時，貿易商將原產於中國嶺南的鮮豔陶瓷器皿運送到日本，當時日本茶道盛行，這些色彩繽紛的器皿很受到茶道人士的喜愛。而中國嶺南一帶古時候名為「交趾」，因此便把這裡燒製的陶瓷稱為「交趾陶」。日治時期，因曾在嘉義發現裝飾在廟宇、色彩豔麗的陶瓷「尪仔」，因此交趾陶也稱為「嘉義燒」。

Q2 剪黏是什麼意思？

「剪黏」屬於鑲嵌藝術的一種，運用在陶碗碎片、玻璃及陶土材質上，以特殊工具剪成所需的形狀，再黏於灰泥捏塑而成的粗坯上，這種技法就稱為「剪黏」。這種傳統工藝，與交趾陶一樣，源自閩、粵一帶，因擁有華麗的色彩和細膩的工法，尤其能襯托出廟宇建築的宏偉。

吃喝玩樂去！

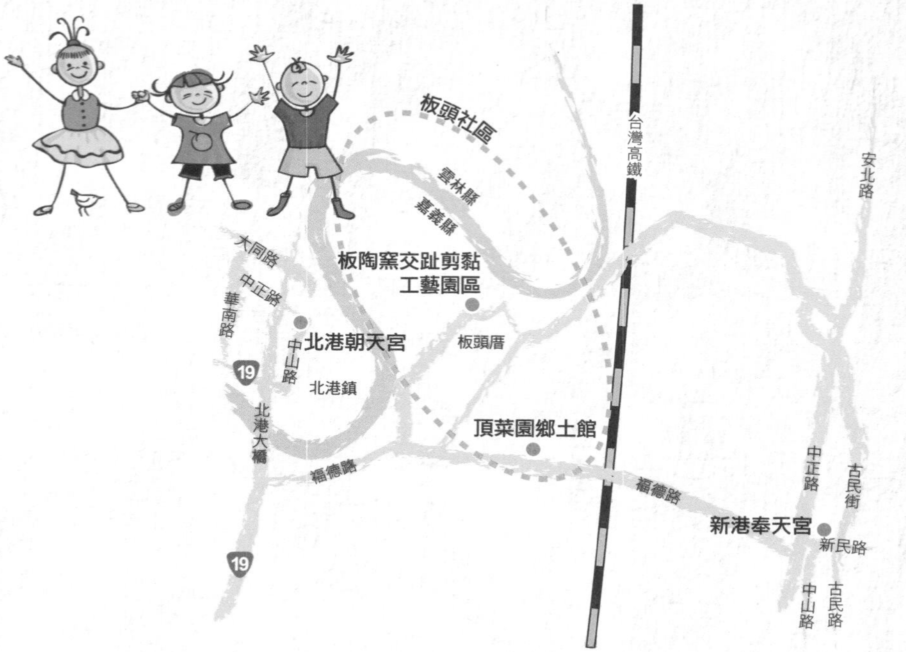

板頭社區

交通：國道1號嘉義交流道下，往北港方向（北港路159縣道），過新港後，於高鐵高架橋下右轉直行。

將傳統工藝結合社區景觀而聞名的板頭社區，在板陶窯文化發展協會與地方多個協會的合作下，向文建會申請「藝術介入空間計畫」，將農村景觀與歷史地景當作大型展場，結合了大量交趾陶和剪黏創作，規劃出一系列養羊人家、童年時光、糖果牛、微笑農夫等讓人喜愛的裝置藝術。此外，還推出坐小火車導覽社區的服務，想來這裡搭乘小火車必須先預約喔！

頂菜園鄉土館

地址：嘉義新港鄉共和村頂菜園12號
電話：（05）781-0313
時間：8：00～21：30

走進頂菜園鄉土館，就像不小心走進了五〇年代的農村社會，舊式公車、售票亭、糧倉、豬舍、古亭畚、柑仔店、農會……等早期建築，都被館主原汁原味保留其中。不設圍牆的開放式園區，就像保留住時光的村落，等待遊客進去體會。遊客除了走逛園區，也能品嚐餐廳提供的農家菜和手工冰棒喔！

我家的小小旅行回憶

——用相片、文字、戳記、剪貼，收藏旅遊的回憶和感動！

新港奉天宮

地址：嘉義縣新港鄉新民路53號

列為三級古蹟的奉天宮，主要奉祀媽祖，自一八一一年新廟完工，即落成於現址。每年的媽祖繞境活動，蔚為嘉義和雲林的地方盛事。二〇〇九年起，更擴大舉辦國際媽祖文化節，熱鬧非凡。特別的是，奉天宮是台灣少數將虎爺供奉於桌上的廟宇，前來廟裡拜拜時，記得留心找找看。

北港朝天宮

地址：雲林縣北港鎮中山路178號

同樣奉祀媽祖的朝天宮，俗稱北港媽祖廟，與福建的湄洲媽祖廟、天津天后宮並稱為世界三大媽祖廟。每年農曆三月十九日展開的繞境活動，更被指定為「台灣文化資產」民俗類，並與鹽水蜂炮和台東炸寒單稱為「台灣三大炮」。歷史悠久的朝天宮內，仍保存有寶璽、缽及昭應錄（記載湄洲媽祖得道升天後救世的事蹟）等重要文物。

宜蘭縣

蠟藝彩繪館

每個孩子都喜歡彩繪塗鴉，尤其是在牙牙學語的階段，只要稍不注意，孩子就會拿著他從家中某處發現的筆，開始在牆壁、沙發，甚至在自己身上大肆揮灑一番，常讓爸媽覺得好氣又好笑。來到蠟藝彩繪館，無論是大朋友小朋友，都可以盡情體驗隨處塗鴉的樂趣。

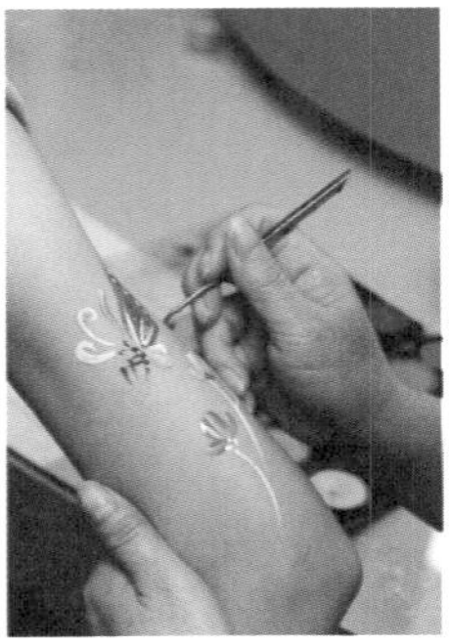

information

- **地址**：宜蘭縣蘇澳鎮德興六路7號
- **電話**：（03）990-7101
- **營業時間**：8：30～17：00。
- **收費方式**：門票200元，可抵100元消費，附贈迷你蠟筆鑰匙圈。
- **網址**：www.lucky-art.com.tw
- **備註**：團體20人以上請先預約，20 人以下遊客可隨時進館參觀。

彩繪塗鴉好好玩

來到蠟藝彩繪館，迎接你的，是有如闖關遊戲般的各種體驗活動。

第一關是彩繪塗鴉區，選一張著色紙，再拿一個附有四種花紋的拓印塑膠模版，將著色紙放在模版上想要的花紋處，再選一支彩色蠟筆，就可以進行拓印畫了。這時，可應用牆面海報上所介紹的擦畫、刮畫、疊畫等技法，如此，即使底圖一樣，也能畫出別具個人風格的作品。

彩繪塗鴉區旁有一排白板和鏡子，孩子可以使用館方獨家研發的水性蠟筆隨意塗畫，只要用濕布就可以輕鬆擦除這些痕跡。另外，還展示了不易脫落的記號筆和傢俱修補筆，這些都是以回收工程用筆餘料再製而成的，相當環保。

動手做彩色筆、蠟筆

來到彩色筆DIY區，這裡展示了正宗的彩色筆自動組裝機。爸媽可以帶著

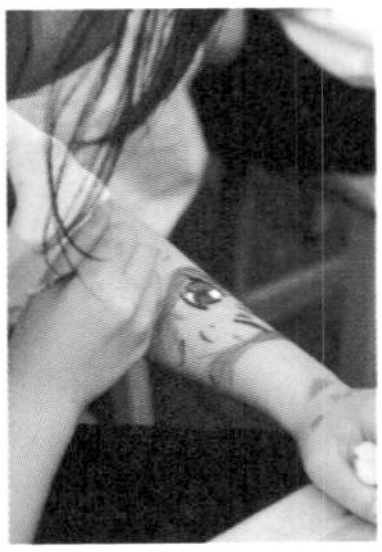

孩子體驗動手組裝的樂趣：運用木槌將彩色筆外殼的各部位組合在一起，再將棉花筆芯放在想要的顏色墨水上，透過毛細現象，就可以讓筆芯吸滿墨水。

做完彩色筆，接著來做蠟筆囉！首先選擇想要的英文或數字模型和顏色，由服務人員協助操作機器，簡簡單單就可以完成一支造型蠟筆。

此外，館方特別將製作蠟筆剩餘的小塊蠟筆蒐集起來，任意挑選想要的顏色，將它舀入杯中，再放到手壓模型器裡，就能擁有一塊色彩繽紛的「星星」或「台灣」形狀的蠟筆。這時再看看一旁展示的蠟筆自動成形機和捲紙機，就清楚明瞭整個製程了。

大玩人體彩繪

來到人體彩繪區，大小朋友簡直玩瘋了。蠟藝實業是在客戶的要求下，才開始做起人體彩繪筆。而後，徐老闆將產品帶往國外參展，發現許多人喜歡在身上作畫，於是決定設立一座可以讓人盡情玩蠟筆的彩繪館。

在此，可以使用人體彩繪水彩和蠟筆來作畫；若怕自己畫得不好，也有模版可以放在身上，再接著塗色；或者，也可請服務人員幫忙彩繪。

為了讓顧客留下美好的回憶，一旁還特別準備了各種道具服裝及長長的四大主題星光大道，讓大小朋友可以盡情拍照留念。

這裡最好玩！

購買門票進入後，隨即附贈一個迷你蠟筆鑰匙圈。在DIY過程中，可以帶回三支彩色筆、一個數字或英文字母造型蠟筆、一個混色蠟筆，還可在購物區挑選一百元的產品。全館玩下來，精采又有趣，肯定收穫滿囊，讓人想一玩再玩！

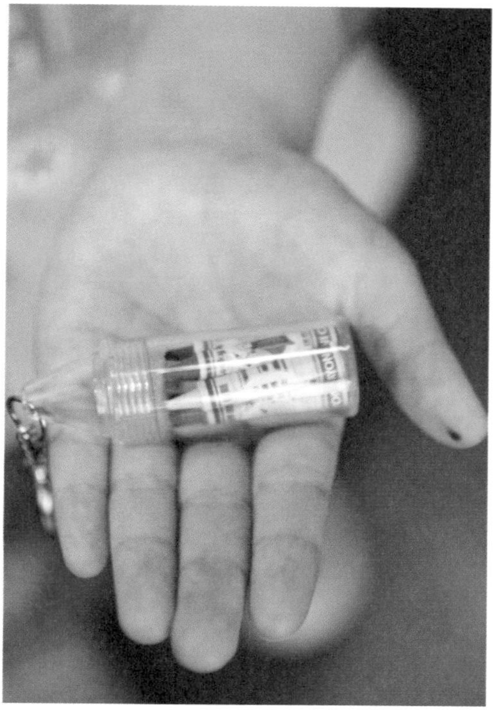

Crayon
Crayon
Crayon
Crayon
Crayon
Crayon

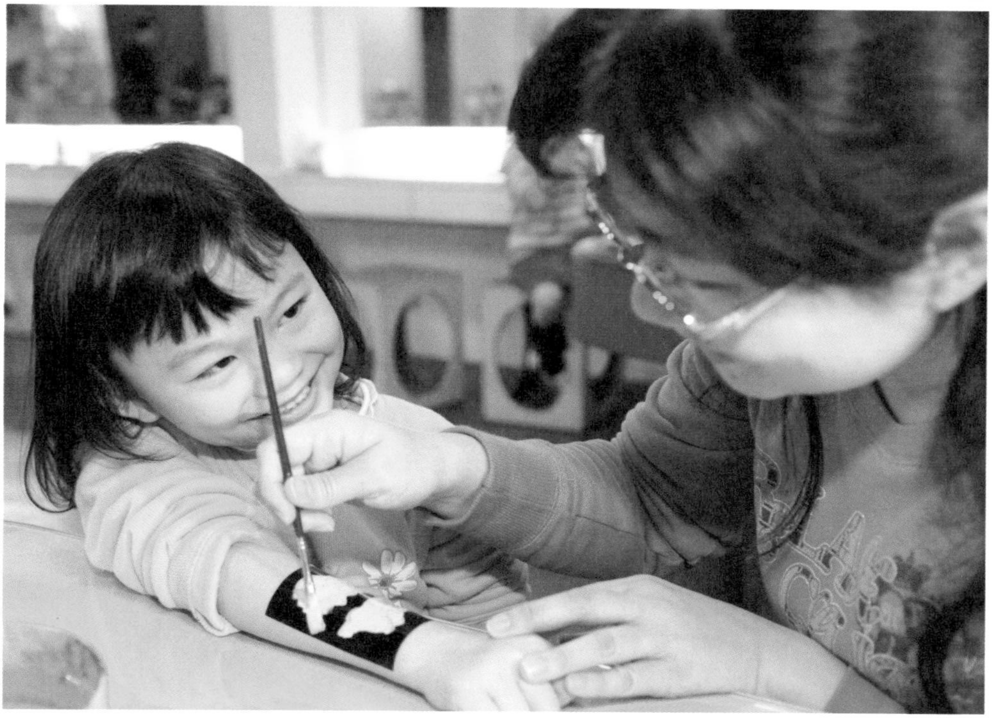

蜡藝實業的故事

蜡藝實業成立於一九八○年，起初只是個家庭工廠，而後，逐漸擴大規模，除了幫雄獅、利百代等文具大廠代工外，也積極開拓海外畫筆市場。生產品項包括蠟筆、粉蠟筆、粉筆、固體水彩及彩色筆，曾寫下一天生產兩百萬支蠟筆的紀錄。

說起台灣文具產業的歷史，在一九四九年光復之前，只有一家鉛筆工廠，之後才陸續有製造粉筆、蠟筆、墨水的小型家庭工廠出現。到了一九五○年代，開始有較具規模的各種文具工廠陸續設立，並在一九六○年代開始外銷。當時，文具業因受到高進口關稅及台幣匯價的保護，而能蓬勃發展，度過一段興盛歲月。

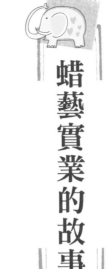

但一九九〇年代以後進口關稅降低，台灣又在二〇〇二年加入世界貿易組織（WTO），再加上來自中國大陸、東南亞等國的低價競爭，壓力更甚以往。此外，在電腦、印表機和影印機等普及後，大大改變了人們使用紙筆的方式，迫使文具業不得不調整生產品項及經營模式。

對蜡藝實業來說，面臨的最大衝擊是，原本穩定的美國市場，在二〇〇一年歷經九一一事件後，訂單量降到只剩下一成，致使公司虧損連連。為了拓展新的外銷市場，他們不只研發出安全無毒的人體彩繪筆，廣獲歐美市場喜愛，也從單純代工轉為開創自有品牌「蜡藝」（Lucky Art），以提高獲利率。

來到蜡藝彩繪館，能實際感受到館方對生產彩色畫筆的熱情，讓大家能在此盡情地享受繪畫樂趣。

親子時光Q&A

Q1 「蠟」筆的蠟跟「蠟」燭的蠟，指的是一樣的東西嗎？

是的，廣義的「蠟」，是指動物、植物或礦物所產生的油質，在常溫下為固態，具可塑性、易熔化、不溶於水的特性；種類有棕櫚蠟、蓖麻蠟、蜂蠟、羊毛蠟、石蠟等。現今大多是用石蠟來製作蠟筆和蠟燭。

Q2 石蠟是從哪裡萃取出來的？

石蠟是從石油或礦物中萃取而來，依加工程度不同，分為全精煉石蠟、半精煉石蠟和粗石蠟。粗石蠟的含油量較多，大多用來製造火柴、篷帆布等；其他兩種則用來製造食品、口服藥品、蠟紙、蠟筆、蠟燭、複寫紙、電器絕緣體等，用途相當廣泛。

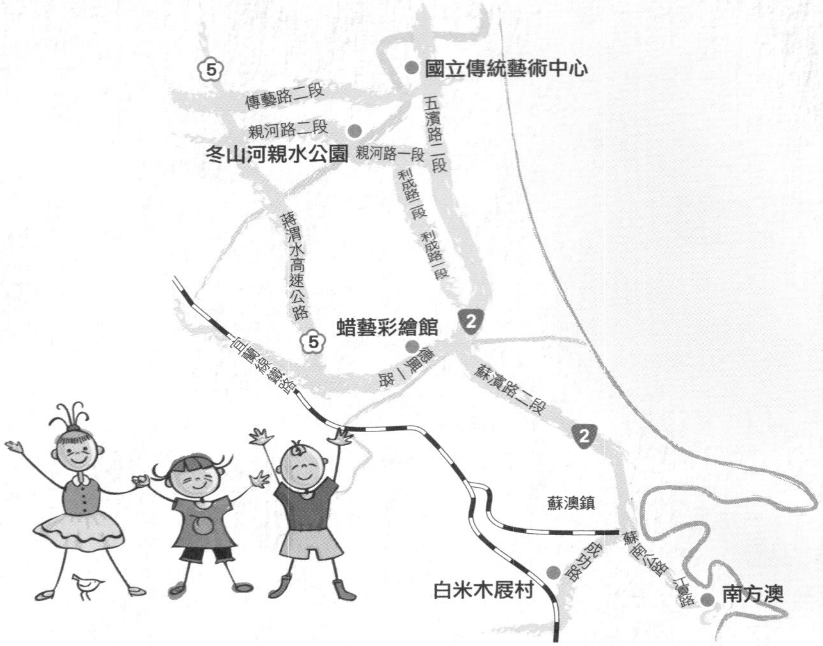

南方澳

地址：宜蘭縣江夏路、南寧路周邊
網址：www.nanfangao.com.tw

南方澳為東台灣最大的陸連島，外海有黑潮流經，漁產豐富，尤以鯖魚最出名。南方澳街上聚集許多海產店，想吃最新鮮的漁貨料理，來這裡準沒錯。此外，媽祖向來被漁民視為守護神，南方澳的兩座媽祖廟——進安宮、南天宮香火鼎盛，其供奉的媽祖神像也很特別，進安宮供奉寶石珊瑚媽祖，南天宮則供奉金媽祖、玉媽祖，前來拜拜時可留意一下。

白米木屐村

地址：宜蘭縣蘇澳鎮永春路174號
電話：（03）995-2653
時間：週二至週五9：00～17：00，週六、週日8：30～17：30，週一休館。暑期不休館。
票價：免費參觀。
網址：www.baimi.org.tw
備註：文化館每30分鐘有一場導覽解說，每場限40人參加。到訪時，請先向櫃台登記。不開放自由參觀；工藝館可自由進入。

過去，白米地區因盛產製作木屐的江某樹，而成為木屐的重要產地。在木屐業沒落多年後，在地居民藉著社區營造工作，讓木屐重回在地，並將其轉換為手工藝品。白米木屐村分為文化館和工藝館。文化館可參觀木屐製程及各種奇形怪狀的木屐；工藝館則可體驗木屐吊飾及彩繪木屐DIY活動。

冬山河親水公園

地址：宜蘭縣五結鄉親河路二段2號
電話：（03）950-2097
時間：夏季7：00～22：00、冬季8：00～22：00

以親近水為概念設計園區，分為划船區、涉水區、親子戲水區等。每年的宜蘭童玩節都在此舉辦，平常也有學生來此練習西式划船。園區廣大，可以讓孩子盡情跑跳。

國立傳統藝術中心

地址：宜蘭縣五結鄉季新村五濱路二段201號
電話：（03）950-7711、0800-868-676
時間：平日9：00～18：00，暑假、春節期間9：00～19：00。
票價：普通票150元，優待票100元。
網址：www.ncfta.gov.tw/ncfta_ce/main/index.aspx

為保留及傳承傳統藝術而設立的園區，展現了台灣傳統建築之美。目仔窯是商品販售區，而在猶如四合院圍起池塘的傳統小吃坊，可品嚐到各種美食。穿過文昌祠和戲台區，就是長長的民藝街坊，有來自全台各地的傳統手工藝店家聚集在此。園區每天有兩場踩街表演，從民藝街坊盡頭的中央廣場展開，邊走邊表演到戲台區，十分有趣。

花

PART 3

傳產新意

傳統產業在現代生活中演繹出新生命，

是因為人們念念不忘那份「舊感情」。

透過觀光工廠的參觀和體驗活動，

許多經驗得以傳承，

也是親子間最棒的實境教育！

傳產老故事，玩出新活力

新舊產業之間，因為時代、需求和市場的考驗，已然衍生出另一種光輝。如今，有各類「觀光」型態的工廠應運而生。爸媽和孩子透過一趟觀光工廠之旅，在見證傳統產業延續舊情感、開創新局面的同時，肯定可以玩出新體驗！

時代變遷，生活跟著便利的同時，一些純樸的情感無形中流失淡去……

以往，總要人挺直腰桿坐著的桌椅板凳，如今被柔軟的沙發取代，木桌木椅成了特意營造懷舊氛圍不可或缺的主角；傳統的磚瓦、玻璃，恐怕在現代高樓大廈之中安插不了任何位置，反倒成為特殊風格的裝飾品；琳瑯滿目的清潔用品與結合各種香氛的化學配方，可能讓你忘了，使用肥皂、茶摳，只是純粹要「洗乾淨」的初衷。

以往的歲月裡，每一生活物件，都因為有老師傳堅持的傳統技法，而滿足著我們的吃喝起居，伴隨我們度過許多簡樸卻充實的日子。

無庸置疑，傳統產業裡藏著真摯的手工情感及早年刻苦的生活情境，從洗滌沐浴、書寫記錄的日常作息，到古樸的磚窯瓦片、玻璃陶器、桌椅床櫃、鍋碗瓢盆，在在疊構出簡樸卻溫暖的家，也讓我們的生活日日舒適便利。

傳承舊產業，演繹新生命

傳統產業雖與生活緊密關聯，卻因現代生活的便利，逐漸在新型態的生活習慣與創新開發中，失去市場與舞台，淡出我們的周遭。一些有理想的產業主，為了傳承舊業，展開一番「創新」和「改革」，奮力拓展新局。當然，在此同時，他們仍秉持早年生活的精神和意涵——畢竟唯有不忘初衷、站穩立基點，才是傳產永續存在的價值。

這些以往生活中的必需品，在現今緊張多元的社會中，看似不起眼，甚至被其他新品所取代，但不可否認，其所以能持續在我們生活中演繹出新生命，是因為人們念念不忘那份「舊感情」。

茶山房
茶山房

觀光工廠是另一個親子教室

新舊產業之間，因為時代、需求和市場的考驗，已然衍生出另一種光輝。如今，有各類「觀光」型態的工廠應運而生。在傳統產業革新的同時，透過觀光工廠的參觀和體驗活動，許多經驗得以傳承。換言之，觀光工廠可以成為爸媽教導孩子認識傳產、體驗生活美學的途徑，像是興隆毛巾工廠，其所生產的毛巾，如今不是拿來擦洗身體、桌椅，而是爸媽帶孩子玩創意的勞作素材；那些耐熱又耐摔的塑化器皿，固然挽救了爸媽與孩子打破碗盤的失手率，但總有讓人擔心的多酚釋出、高溫變形的疑慮，因此，我們仍習慣使用陶瓷碗盤，但孩子們知道這些餐具是用「泥巴」燒製而成的嗎？造紙技術進步，如今的書籍報章紙質多樣而精美，但孩子們懂得當年紙張是中國人帶給世界文明最棒的發明之一，是人類知識進步爆炸的關鍵嗎？薄薄一張紙又是如何做成的？來到廣興紙寮參觀，親身參與手作紙的製程，就是親子間最棒的實境教育！

毛巾變身甜甜童玩

毛巾是每個人天天都要接觸的用品，但你知道一

條看似平凡的毛巾，從棉花到成品，需要多少道流程與人力？

你能想像，一個個巧克力蛋糕、起司派、棒棒糖、甜筒冰淇淋，竟然都是用毛巾摺疊拼湊而成的嗎？興隆毛巾跟許多傳統產業一樣，面臨廉價產品競爭外銷萎縮的困境後，朝觀光工廠的產業轉型，成功以巧思的甜點造型毛巾，擄獲了大小朋友的心，讓人非走一趟不可！

大手牽小手，快樂捏陶去

捏泥巴是許多孩子最愛的遊戲之一，只是現在生活離大自然遠了，孩子少有機會親近泥巴。新北市的鶯歌因鄰近陶土盛產區，而成為著名的陶瓷器產地。這裡的許新旺陶瓷紀念博物館，從粗陶碗到瓦片發跡，再將燒窯事業發展到建築瓷磚、精緻生活陶藝品上，如今，是親子們遊樂陶瓷觀光的最佳去處。

除了見識陶土與燒窯的過程，在觀光工廠裡，爸媽可以跟著孩子親手捏捏陶土一同創作；若滿意自己的作品，還可以將作品燒成陶器帶回家。此外，這裡還有手拉坯、釉上陶瓷彩繪和馬賽克拼貼等DIY活動，絕對可以讓大小朋友玩上一整天。

尋回洗香香的初衷

有了洗手乳、沐浴乳和洗髮精，許多孩子根本沒接觸過香皂；洗衣粉、洗衣精的出現，也幾乎讓傳統的洗衣肥皂消失無蹤，但其實這些產品的作用力和原理都一樣，就是去汙。

茶山房肥皂文化體驗館有一段特殊的創業故事，前身原本是開發出台灣唯一中性肥皂「浮樂脫浮水藥皂」的美盛堂，但因不看好肥皂在清潔品新興市場的發展，而轉作茶葉，卻因緣際會又回到了老本行。爸媽跟孩子在這裡，可一同了解到，只需要油脂、水和鹼就可以做出肥皂；而添加各式天然植物，就可以讓肥皂散發出不同的香氣。

來到茶山房，除了可以將香皂打印上自己喜歡的字母、圖案，還可藉由電鍋軟化香皂，親子體驗攜手拌入香料、壓模製成手工香皂的樂趣呢！

魔術般火焰，成就晶瑩剔透美學

玻璃不但是建材，還可以是器皿，最重要的是，玻璃的可塑性使它得以成為美輪美奐的藝術品。孩子們可能很難想像，透明的玻璃主要是由黃黃、黑黑的矽砂，加入其他原料溶製而成的。位於苗栗竹南的國泰玻璃工廠，就是專門製作吹製玻璃品。

在國泰玻璃工廠，爸媽可以領著孩子摸摸矽砂，參觀二十四小時不停火的玻璃窯燒製過程；還可以到展覽室觀看國泰這幾年在玻璃藝術品上的發展與演進；最重要的是，強調口吹技法的國泰玻璃工廠，除有專業師傅吹製玻璃的表演，還開放給部分遊客體驗親口吹製玻璃的樂趣，想必會讓人躍躍欲試。

一磚一瓦古樸風，重溫懷舊時光

孩子們對紅磚屋瓦的印象，多半來自許多平房式的建築，但有人知道台灣燒製紅磚的原料，全是來自風化頁泥岩嗎？苗栗苑裡鎮靠近生產頁泥岩的火炎山地區，金良興磚廠因地利之便，最早在這地區蓋起磚窯，但因建材需求的改變，這裡由全盛時期的十二座磚窯工廠，縮減到只剩金良興一家，如今也極力轉型為觀光工廠。

來到金良興，可以自己動手做磚雕，比如完成一個獨一無二的自家門牌、杯墊等；彩繪杯墊則可以在成形的畫上，自行搭配顏色；另外，還可以購買千分之一的磚塊模型包，讓爸媽帶著孩子堆堆疊疊，看看能造出什麼樣的建築物來。

1940
燈塔
古早車碗機
老董事長成立協興窯業工廠，從生
因工業化發展，已開始改用機械動
力增加產量。利用石膏吸水特性及
法成型。車好碗坏後，將坏體及
架上，靜待其脫模，脫模後，再
當時，使用的黏土多在尖山地
，品質優良，後期也有到今

四季
平安

有了磚，當然不能忘了瓦，位於高雄的三和瓦窯，一樣也是由傳產積極轉型的工廠之一。廠區內有三座百年以上歷史的龜仔窯，讓爸媽與孩子一同了解先人辛苦討生活的歷程。

來到三和瓦窯，一邊參觀歷史悠久的龜仔窯，一邊跟著導覽員的腳步和牆面的解說立牌，深入了解磚瓦窯在台灣的發展歷程、傳統窯爐的分類、磚瓦燒製過程、磚雕類型，以及三和瓦窯的發展歷史。

爸媽帶著孩子來到這兩處觀光工廠，透過真材實境，可以輕鬆了解整個製磚燒瓦的演進與歷史發展過程，肯定收穫良多。

手作紙懷古意，纖纖絲絲皆有情

儘管造紙技術再怎麼進步，高級手工紙仍是許多書法、繪畫藝術家的首選，絕對有機器製品無法取代的質感。位於南投埔里的廣興紙寮，是台灣第一家手工紙觀光工廠。

來到這裡，爸媽可以陪著孩子一路從纖維漿料開始參觀起；將原料經蒸煮、漂洗、打漿、抄紙、壓水、烘乾等過程，才終於製造出珍貴的手工紙。除此之外，更可以親身體驗做手工紙、拓印等古早味的樂

趣，是相當熱門的觀光工廠之一。

木香散古情，敲打真童趣

木材曾是生活上應用最多的原物料之一，台灣也因孕育美麗蒼鬱的森林，而享有「福爾摩沙」之稱。本地木料輸出曾經盛況一時，水里車埕正是在這樣的木業條件下，一度享有「小台北」的稱號。

如今為了保育國土，不再砍伐森林，讓地區經濟一度凋零衰退。為了讓歷史不被淹沒，後代得以了解台灣木業的發展進程，經由日月潭國家風景區的保存與改建，水里車埕以往荒廢的鋸木場，如今搖身一變，成了一座木業展示館。

這裡除能讓爸媽與孩子們一睹過往台灣木業興盛景況，還透過木頭再生工廠，教育下一代珍惜、愛護資源的觀念；並有DIY木工體驗活動，大手拉小手一同敲打出新感情。

許多傳統產業都面臨轉型或凋零的命運，若沒有傳承下去，孩子們將沒有機會了解這些曾經與人們生活息息相關的產業過往。透過一趟觀光工廠之旅，大小朋友對傳產的認識與親身體驗，可讓孩子們了解資源取得不易，也因有各行各業的用心付出，才能成就今日便利的生活，進而教育孩子保存傳統產業與見證歷史發展的深遠意義。

新北市

許新旺陶瓷紀念博物館

走在鶯歌老街上，琳瑯滿目的陶瓷杯碗盤，讓大人們看得目不暇給，孩子們倒是對各式各樣的復古童玩感興趣，頻頻用渴望的大眼睛看著父母。既然來到鶯歌，與其購買現成商品，不如親子一起動手作陶，留下實用又具意義的紀念品。

information

- **地址**：新北市鶯歌區尖山埔路81號
- **電話**：（02）2678-9571
- **營業時間**：週一11：00～18：00，週二10：00～18：00。
- **收費方式**：導覽，每人50元。導覽加手捏陶DIY，每人150元（燒窯另計）。導覽加手拉坯DIY（燒窯另計）、導覽加釉上陶瓷彩繪DIY（含燒），每人250元。導覽加馬賽克拼貼DIY（免燒），每人200元起。燒窯每件150元起。
- **網址**：www.shuandws.com
- **備註**：開放一般遊客參加DIY活動。

認識陶藝，回味舊時光

許新旺陶瓷紀念博物館的入口十分雅致，而在鋪著凹凸起伏的白色方塊磚外牆上所寫的「新旺——集瓷」，意味著博物館的過去與現在。

一進門，看見的是風格時尚的商品展示空間。以白色為基調的高低平台及牆櫃上，擺放著各式各樣的精緻生活陶藝品，這些大多是許家第四代創立的「集瓷」品牌所推出的作品。集瓷的理念，是以設計出簡潔且平易近人的華麗風格，又具實用功能的禮品，期待呈現台灣角落的生活美學。

再往裡面一看，有個好大的空間，不知道是在做什麼的？先別急，跟著指引到樓上的許新旺陶瓷紀念博物館逛一逛吧！

第二代老闆許新旺是土生土長的鶯歌人，父母經營協興窯業工廠，以燒製粗陶碗及瓦片為主。文物館陳列

架上所擺放的丹青碗和褐、青兩色的陰陽碗，正是他們獨家研發出來的釉色。在分家之後，許新旺觀察到建材需求，開始以燈塔牌、金鋼牌為名，推出三吋六的磁磚，這些歷史點滴也展現在陳列架上。

走進另一個陰暗的小房間，眼前有個奇怪的物體，這是倒陷式瓦斯窯，底下有軌道可以來回運送待燒的坯體。循著牆上掛滿黑白照片的時光隧道走過去，便是第二文物館，只見一臺鐵製機器旁放了幾十個刻了花紋的白色大碗，還有一座放滿白色大碗的竹棚架。原來那臺鐵製機器是古早車碗機，白色大碗則是石膏做成的碗模，利用石膏吸水特性及拉坯旋轉特性，將泥土放進碗模，用車碗機壓好坯體後，再將碗模放在架上晾乾；坯體大約在半小時後可以脫模，就完成塑形的動作了。

除此之外，還可參觀古早腳踢轆轤、淋釉機等，令人大開眼界！

跟孩子一起玩陶！

圍著大木桌，孩子興致盎然地在木板上揉捏柔軟的黏土，用模型壓出想要的形狀，爸媽則在一旁用泥漿把它們組合在一起，就完成了親子共同創作的陶藝品了。

這裡的DIY教室設在賣場的最裡處，不時能看見火車從後方轟隆開過的畫面，總讓孩子們驚呼不已。教室的空間十分寬敞，分為捏陶區及手拉坯區，可同時容納數十名客人。教室旁有一座傳統柴窯，柴窯最大的特色在於，燒窯時炭灰會隨著火焰流動而附著在坯體上，讓陶瓷品的色澤更富變化。此外，還有一個開放式的縮小版製陶工廠，從練土、成型、裝飾、修坯、素燒、釉下彩彩繪、上釉、釉燒、釉上彩轉印花紙到最後完成，一一現場展示，讓人輕輕鬆鬆就能對製陶流程有初步的了解。

這裡最好玩！

在這裡可以體驗手捏陶、手拉坯、釉上陶瓷彩繪和馬賽克拼貼等DIY活動。手捏陶和手拉坯在購券之後，不限制使用時間和陶土量，讓人盡情玩到高興為止。若有喜歡的作品想要窯燒，才需要再另外付費。

看著陶土不知該怎麼下手的人，現場會有老師指導，牆上也有捏製陶鈴、陶魚、筆筒、皂碟等示範，不妨先試著做做看。

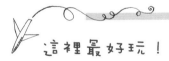

鶯歌陶瓷的故事

鶯歌當地不產黏土，那為何會發展出陶瓷業呢？其實這與早期移民分布及河岸交通有關。一八○五年，來自泉州的吳鞍在龜山鄉兔子坑發現適合燒窯的黏土，由於當時山上較多客家人、原住民，再加上鶯歌一帶靠近河岸，商業活動較繁榮，因此便將黏土運送至此，再製作成商品運出去。當時製陶業原本由吳家壟斷，直到一九二一年日本人成立了「尖山陶器生產販賣組合」，才展開了鶯歌陶瓷業的繁榮盛景。

日治時期，鶯歌曾有一段時間受到北投日資陶瓷廠的威脅，但在一九六○年北投禁止燃煤後，又重振威風。舉凡日用、藝術、建築、衛生、工業用等五大類陶瓷，鶯歌都有生產。近年來，雖然受到產業外流衝擊，但強調兼具藝術及實用的生活陶藝品，仍受到國人的喜愛。

透過捏陶的過程，大小朋友可以感受雕塑陶品的樂趣，激發孩子們無限的創意。而一旁的製作流程，則讓人更進一步認識每天都會觸碰到的陶瓷品是如何誕生的，也讓孩子在遊戲中了解這些物品得來不易，學會珍惜及小心使用。

親子時光Q&A

Q1 為什麼陶瓷要先素燒再上釉呢？

先以低溫將坯體進行素燒後，可將坯體裡的土、鐵、灰塵等有機雜質先燒掉，以減少不良率。再說，乾硬的坯體具有不會變形、釉色易吸附的特性，可以讓釉色更均勻漂亮。

Q2 為什麼大部分陶瓷品是空心的而沒有實心的呢？

在燒製陶瓷的過程中，如果坯體厚度不均勻的話，很容易爆掉。因此，製作時要將中間挖空，還要適度鑽洞透氣，才能燒製成功。

吃喝玩樂去！

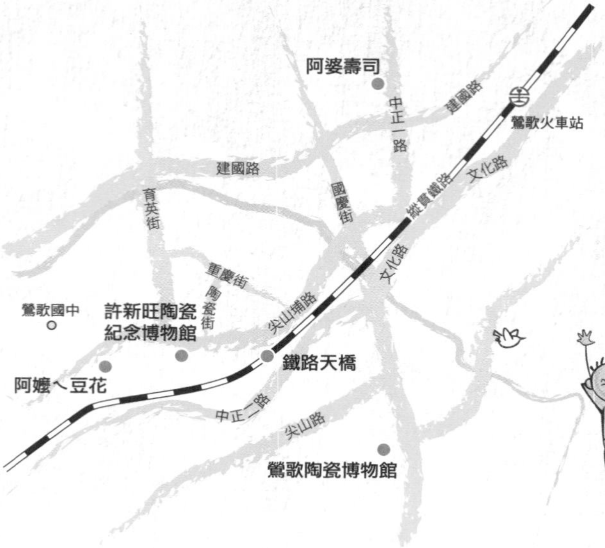

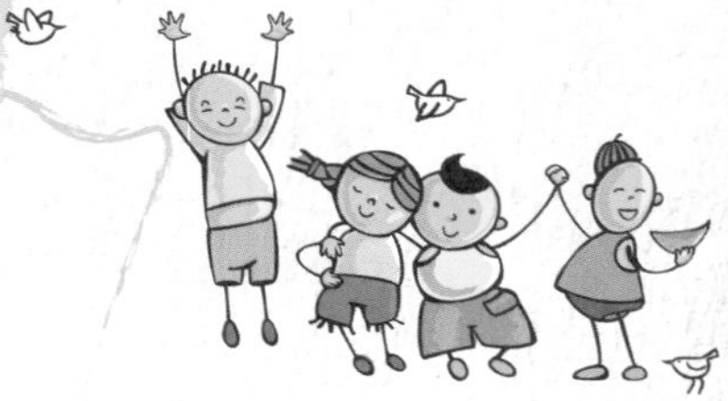

鐵路天橋

地址：新北市鶯歌區尖山埔路與重慶街交叉口附近

來到鶯歌，當然要好好逛一下鶯歌老街囉，這裡有各式各樣讓人愛不釋手的生活陶藝品。走到尖山埔路與重慶街交叉口時，會看到跨越鐵路的「鐵路天橋」；走上天橋，就可以好好欣賞各式列車奔馳而過的英姿，這裡是拍攝火車的好地方。

鶯歌陶瓷博物館

地址：新北市鶯歌區文化路200號
電話：（02）8677-2727
時間：週一至週五9：30～17：00，週六及週日9：30～18：00。每月第一個星期一公休，遇國定假日順延一天。農曆除夕及年初一、選舉日公休。
網址：www.ceramics.ntpc.gov.tw

博物館挑高的空間和玻璃帷幕設計，很具現代感，是鶯歌陶瓷觀光的著名景點。博物館後方有廣大的戶外廣場，在各種陶瓷景觀雕塑的包圍下，設置了兒童戲水區、馬賽克鑲崁藝術造型椅，還展示了四角窯、穴窯，能讓孩子在輕鬆的環境下，接觸陶瓷藝術。

阿婆壽司

地址：新北市鶯歌區中正一路63號
電話：（02）2670-9345
時間：5：00～21：00

開店近半世紀的「阿婆壽司」，起初只賣海苔壽司、豆皮壽司和蛋皮壽司，因為便宜又美味而遠近馳名，現今不只增加香鬆壽司、壽司堡、照燒雞腿堡等新口味，還有涼麵、關東煮等，搭配一碗熱騰騰的味噌湯，讓人吃得飽足又暖和。

阿嬤ㄟ豆花

地址：新北市鶯歌區尖山埔路115號
時間：10：00～18：00

「阿嬤ㄟ豆花」店面簡單，所賣的豆花卻很香。這裡有賣黃豆花和養生黑豆花，從十多種配料中選兩樣，再選擇冰、熱或薑汁，嚐得到古早的樸實風味。

新北市

茶山房肥皂文化體驗館

生活中隨處可見的「肥皂」究竟是怎麼誕生的？相信許多爸爸媽媽都曾在學生時代做過肥皂實驗，了解肥皂的原理。然而，實際的肥皂生產過程又是如何？不妨帶著小朋友一起到茶山房肥皂文化體驗館認識一下吧！

information

- **地址**：新北市三峽區白雞路64之11號
- **電話**：（02）2671-4400
- **營業時間**：週一至週日9：00～17：00。導覽時間9：30～11：30、13：00～15：00、14：30～16：30。
- **收費方式**：參觀導覽，每人100元。參觀導覽＋肥皂趣味造型DIY，每人150元。參觀導覽＋手工皂創意DIY＋專屬紀念皂打印，每人200元，可抵50元消費。
- **網址**：www.teasoap.com.tw
- **備註**：請於3天前預約，不滿10人的散客可先預約，館方會協助合併成團參觀。

神奇的天然浮水皂

許多人都有過用肥皂洗手後，雙手乾澀的經驗。其實肥皂的主要成分很簡單，就是水、油和鹼；鹼的比例越高，去汙效果越強，然而卻也越傷肌膚。

話說茶山房的前身，是創立於一九五七年的美盛堂。林義財阿公原本在台北後火車站附近挑扁擔賣肥皂，卻因長期觸摸肥皂而得了富貴手，始終無法根治。而後了解是因為肥皂所含的皂鹼過多所致，在創辦美盛堂之後，便決心要研發出中性皂。

這一路走來十分漫長，直到一九六三年才終於研發出全台唯一的中性皂，也因為鹼的比例少，而能夠浮在水面上。這個名叫「浮樂脫浮水藥皂」的肥皂，大舉進入軍公教福利社，曾經風光一時。然而，沐浴乳的誕生卻嚴重影響肥皂的銷路，讓美盛堂和浮樂脫浮水藥皂幾乎走入歷史。

第三代的林祐安，原先認為做肥皂沒有前景，而轉行在三峽老街賣茶葉。他突發奇想用碧螺春茶葉來做肥皂，只要買茶就送，沒想到回頭說要買肥皂的人很多，才讓一度停擺的肥皂工廠有了起死回生的機會，並以「茶山房」為名，重新出發。

走進體驗館二樓，可先由牆面陳列認識肥皂相關知識，並參觀美盛堂和茶山房的歷史，再進入廠房的二樓空中導覽步道，了解肥皂的製程。

茶山房肥皂採用熱煮法，將天然

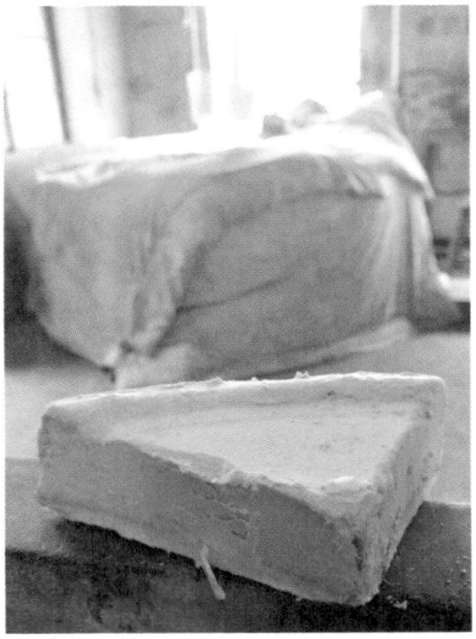

一塊完美的好皂，必經

椰子油、橄欖油、石鹼和水，以攝氏一百度的蒸氣熬煮兩天，期間必須適時靜置，讓多餘的鹼沉澱在最下面。在抽取出多餘的皂鹼後，再拌入天然植物磨成的粉末攪拌均勻，於是有了綠茶皂、艾草香茅皂、大菁皂等不同香味及功效的肥皂。接著，將其倒入模型中，進行整平、冷卻、切割、排列、烘乾等步驟，才算大功告成。

由於每個步驟都需要一至兩天不等，因此，參觀時大部分的機具都是靜止的，只有當天輪到的步驟才會進行動作。

做手工皂，親子同樂

打開一個新肥皂時，是否發現上面都印有肥皂品牌的字樣？這是因為早期的肥皂多半沒有包裝，才會特別印上品牌名稱作為識別。

茶山房準備了英文字母及各種可愛圖案的印章，用小鐵槌敲一敲，將全家人的名字打印在肥皂上，再打印一些裝飾圖案，就能做出專屬的紀念肥皂。而即使是一塊方方正正的肥皂，也可以有很多種造型變化，善用鋼線切割器、造型餅乾模和白膠，就能做出可愛的夾心餅乾肥皂。

若想從頭體驗做手工肥皂的樂趣，館方特別簡化製皂流程，用電鍋將肥皂煮軟，拌入喜歡的香味和食用色素，再倒入玫瑰花或熊熊模型，冷卻後脫模，就可以帶回家囉！

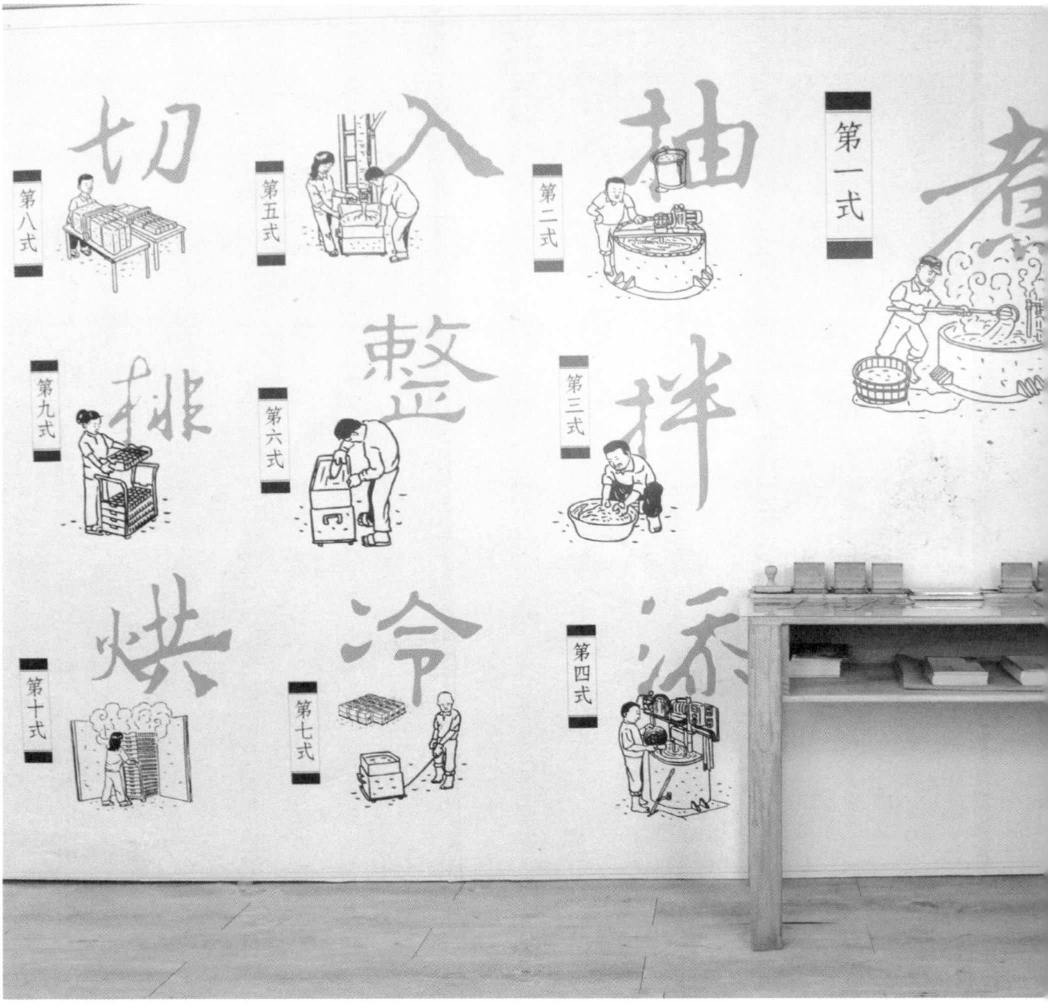
第一式
抽
第二式
拌
第三式
添
第四式
入
第五式
整
第六式
冷
第七式
切
第八式
排
第九式
烘
第十式

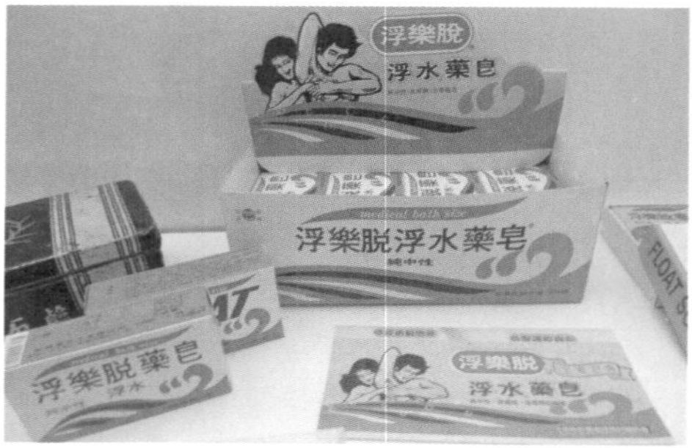

肥皂的故事

現代人習慣使用的洗衣精、洗髮精、沐浴乳和洗面乳等，都是在一九六〇到一九八〇年代陸續誕生的，在這之前，人們不管洗什麼，都習慣用肥皂或香皂。

台灣的肥皂產業大約是在光復前後的一九五〇年代開始發展，如象頭牌肥皂、美琪藥皂、瑪莉藥皂、南橋肥皂等，都是在當時就推出的。在全盛時期，台灣有一百二十多家的肥皂製造商。

然而，隨著洗衣粉在一九六〇年代出現，再加上無法使用肥皂的洗衣機在一九六〇年代後期逐漸普及，還有各種液態和乳狀洗潔劑的風行，讓肥皂逐漸在人們的日常生活中消聲匿跡，肥皂製造商只剩下三十多家。

近年來，由於人們開始注重健康與環保，成分天然、汙水可自然分解、不會對肌膚和環境造成傷害的肥皂，再度受到重視。此外，隨著DIY風潮日盛，也讓不少人們熱中於做手工香皂，成為一種休閒娛樂。

帶孩子來參觀茶山房肥皂文化體驗館，可以從林義財阿公對「做肥皂是一項良心事業，不能傷害人體及環境」的堅持中，讓孩子在認識肥皂製程的同時，也領會做每一件事應該持有的態度——愛護他人、用心堅持。

親子時光Q&A

Q1 肥皂為什麼叫肥皂呢？

肥皂的名稱來自於「皂莢」這種豆科植物，其果實經搗碎後加水，具有清潔作用。這類皂果以肥厚多脂的豬牙皂莢的清潔效果最好，因此被人們稱為「肥皂」。之後，以油和鹼製成的清潔用品，就沿用「肥皂」這個名稱。

Q2 台語說的「茶摳」和肥皂是一樣的東西嗎？

在現代人的認知中，台語中的「茶摳」就是肥皂，但茶摳的做法和肥皂不太一樣，是將茶樹籽、芝麻、花生等榨油剩下的渣，加入水、蘇打粉所製成。

吃喝玩樂去！

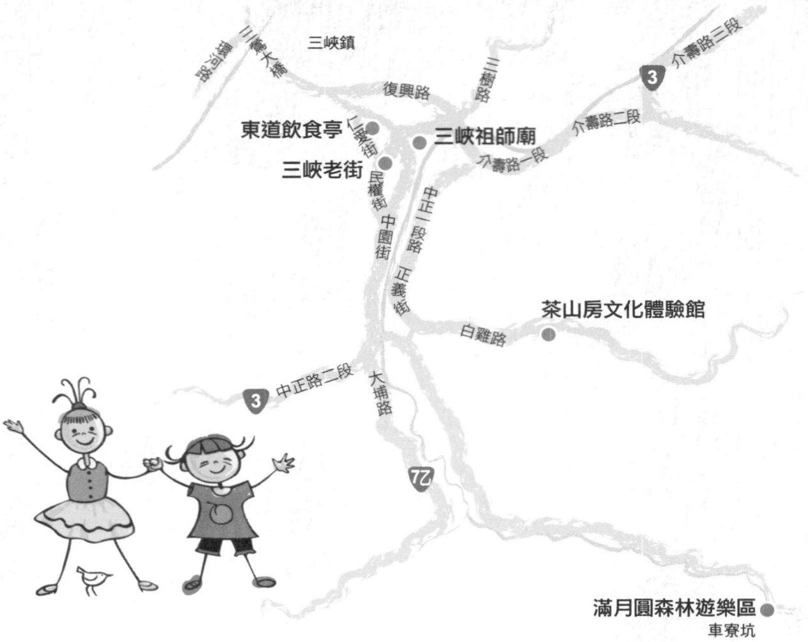

三峽老街

地址：新北市三峽區民權路

長達二百多公尺的三峽老街，沿途共有一百多棟街屋，保有日治大正時期的紅磚拱廊騎樓及巴洛克風格牌樓立面。老街曾經沒落多年，在二〇〇四至二〇〇六年期間進行復舊整修工程後，有許多懷舊童玩及時興商店進駐。來此欣賞老建築，購買新玩意，一家大小都能玩得開心。

滿月圓森林遊樂區

地址：由台3線轉台7乙線，再轉往插角方向道路。
時間：週一至週五8：00～17：00，週六7：00～17：00。
票價：成人，平日80元、假日100元。兒童，50元。65歲以上，10元。戶籍新北市成人，憑身分證半價。

滿月圓森林遊樂區以瀑布及楓紅聞名。從十多公尺高大石壁一瀉而下的滿月圓瀑布，氣勢壯麗；處女瀑布則相對婉約柔美。此處屬於亞熱帶雨林溪谷型森林，林相以人造柳杉林、殼斗科植物、槭樹科植物及樟科大葉楠為主，為觀賞低海拔楓紅的最佳據點之一。青楓散布在不同海拔高度，從十月直到隔年元月，楓紅區域不斷轉換，景觀多變迷人。

我家的小小旅行回憶

——用相片、文字、戳記、剪貼，收藏旅遊的回憶和感動！

東道飲食亭

地址：新北市三峽區仁愛街7號
電話：（02）8671-5692
時間：11：00～21：00，**全日供餐。週二公休**

以五〇到七〇年代的懷舊物品裝潢室內間，從五百毫升的玻璃杯到大碗公，散發濃濃的懷舊氣息。店裡提供排骨飯、豬飯、焢肉飯等懷舊料理，其中豬肉特別選三峽黑豬肉，醃料簡單卻美味，讓人一吃上癮。此外，這裡的飲品也充滿古早味，妨帶著孩子一起來重溫舊時光！

三峽祖師廟

地址：台北縣三峽鎮長福街1號
網址：www.longfuyan.org.tw

全名為「三峽長福巖清水祖師廟」，在清乾隆年間隨泉州人來台開墾，而在此落地根。首建於乾隆三十四年（一七六九年）曾因遭逢地震及日軍焚燒而重建。在台灣復後，因年久失修，再加上軍伕順利歸來由畫家李梅樹教授主持第三次重建工程，宇處處精雕細琢，具有「東方藝術殿堂」美名。

苗栗縣

國泰玻璃工廠

世界上有許多美麗卻易碎的東西，其中最具代表性的大概就是玻璃了。玻璃製品不僅被大量運用在日常生活中，也是重要的裝置藝術素材。但玻璃是如何製造出來的呢？來一趟國泰玻璃工廠，就能清楚了解玻璃的製程，還可以看師傅現場表演口吹玻璃喔！

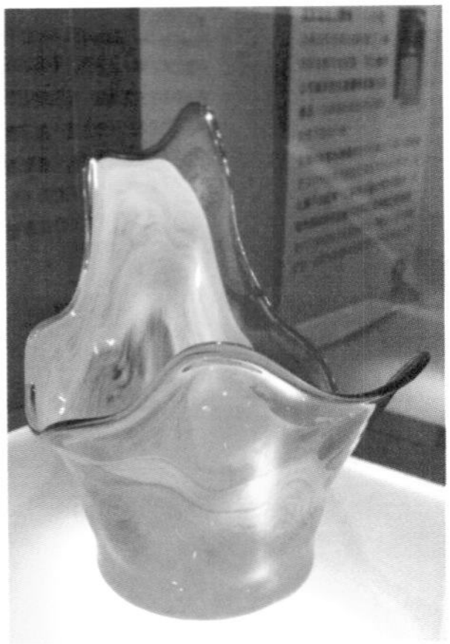

information

* **地址**：苗栗縣竹南鎮新南里 24 鄰崁頂 151 號
* **電話**：（037）614-118
* **營業時間**：週二至週日9：00～12：00、13：30～16：00，每週一休館。10：00、14：00有現場口吹玻璃表演，歷時約20～30分鐘，請提前30分鐘進場。
* **收費方式**：全票250元，4～6歲、65歲以上、30人以上團體，優待票200元，可抵玻璃產品或DIY使用。口吹玻璃體驗350元，每場限6名遊客參加，請提前預約報名。彩繪玻璃250元，創意黏貼琉璃珠350元、450元。
* **網址**：www.glasspark.com.tw
* **備註**：每次進場參觀人數上限80人，須事先預約。

玻璃藝術晶瑩剔透

有別於一般人對玻璃的華麗想像，國泰玻璃工廠的外觀相當樸素，只有圍牆上裝飾的玻璃燈飾和玻璃拼貼畫，讓來客確認這裡的確是玻璃工廠沒錯。

國泰玻璃是傳承三代、具有六十年歷史的玻璃廠。第一代創立者徐澄桂原本在台北萬華賣餅，一九二三年十四歲時，有幸從日本老師傅那裡習得口吹玻璃技藝，從此踏入這一行，並因為竹苗地區盛產製作玻璃所需的矽砂和天然氣而遷至竹南。第二代徐文雄也投入玻璃廠的工作，父子倆攜手努力，總算在一九七〇年購地設廠，並正式取名為「國泰」。時至今日，第三代徐銘宏、徐士雲也一起加入經營陣容。

國泰玻璃曾歷經一九八〇年代外銷歐美的全盛期，而從一九九〇年代開始，也面臨大陸低單價產品的競爭，如今轉型以精緻客製化產品為主，繼續傳承口吹玻璃藝術之美。

高溫燒融，成就精緻藝術

走進國泰玻璃廠，一座高聳的煙囪矗立眼前，這是早期所使用的八卦爐遺跡。現今因為產量較少，所以改用單坩堝窯爐。

說起製作玻璃，這坩堝窯爐是絕對缺它不可。玻璃的主要成分是矽砂（二氧化矽），還有一部分的純碱、石灰粉、硼砂。製作時，得先以攝氏一千三百度的高溫燒融後才能開始塑形，而坩堝就是盛放熱玻璃原料的容器。由於不能急速加溫，光是將坩堝加熱到攝氏一千三百度，就要花上四、五天的時間，而放入玻璃原料，也要燒上八小時左右才會完全燒融，所以這窯爐總是日夜不關火地燒著。

再往裡面走，有原料區和拌料區，可以看到早年使用的器具，還能

親手觸摸矽砂。很難想像這黑黑的矽子經過一連串製程後，竟能變成晶瑩剔透的玻璃。

若想更進一步認識國泰玻璃的歷史，可到展覽室一窺究竟。像是七〇年代設計的炸水花瓶、紅色玻璃、霧面仿古花瓶，以及近年來推出的琥珀色竹炭琉璃杯具等，都讓人深刻感受傳承幾代精益求精的精神。

吹一口氣，讓玻璃變大吧！

國泰玻璃最強調的，就是口吹玻璃技藝了，因此，每個開放日都有兩場師傅現場製作口吹玻璃的表演秀，

每場開放六名遊客親身體驗口吹玻璃，不只孩子感到興奮，連大人也躍躍欲試。

燒融的玻璃原料俗稱玻璃膏，一拿出熔融爐就會逐漸硬化，因此，要眼明手快地邊轉動吹棒，邊吹氣，還要適時放入攝氏一千度的加熱爐，以維持玻璃膏的可塑度。

體驗時，由師傅吹第一口，再交給遊客繼續吹氣塑形。在換人吹氣時，也會更換全新的吹嘴，不須擔心衛生問題。

吹玻璃時，因為氣不會往回跑，所以比吹氣球還簡單；記得要輕輕吹，若是吹得太快、太用力，玻璃可是會破裂的。將玻璃吹到適當的大小後，再以木棒雕塑，就是獨一無二的玻璃瓶了。

這裡最好玩！

玻璃瓶完成後，得放進降溫箱裡讓它慢慢降溫，大約得等待四十分鐘。可利用這段時間體驗彩繪玻璃或創意黏貼琉璃珠DIY活動。這裡的琉璃珠黏貼活動可沒想像中簡單，若是挑選有弧度的花器，不僅得設法固定花器，黏珠子時，地心引力也是一大敵人，得耐心操作才行。館方人員建議，由於材料包中都是混色的琉璃珠，可先依顏色分好，再進行黏貼創作，就能做出讓人眼睛一亮的好作品。

玻璃的故事

早在西元前兩千年的古埃及時代，就有使用玻璃器皿的記載，而到了西元前兩百年時，巴比倫人就發明吹製玻璃的方法。此後，威尼斯在十三世紀時改良了德國所發明的平面玻璃製造技術，並在十四世紀成為歐洲的玻璃製造中心。直到一八二七年，誕生了玻璃壓印機器，讓玻璃器具得以大量生產而逐漸變得廉價。

台灣最早的玻璃廠是在一八八七年、由陳兩成先生設立於台北，之後竹苗地區因盛產矽砂和天然氣，而成為重要的玻璃產區。一開始以生產工業儀器、醫療器材、民生日用品為主，直到一九六〇年新竹玻璃公司設置工藝玻璃部門，才踏上台灣玻璃工藝之路。

從徐家父子對口吹玻璃的堅持，讓人學習到，也許時代的大潮流是個人所無法抵擋的，但仍然可以堅持夢想，在不斷變化的潮流中，找到新的努力方向，持續占有一席之地，盡情發揮所長。

親子時光Q&A

Q1 有顏色的玻璃是怎麼做成的？

只要在玻璃原料中加入不同的金屬或金屬氧化物，就可以改變玻璃的顏色。像是加入少量錳會變成淡綠色，多一點錳會變成淡紫色，少量鈷會變成藍色，錫氧化物和砷氧化物會變成白色，銅氧化物會變成青綠色……等，還有銅、鎳、鈦、金、鈾也都可以用來改變玻璃的顏色。

Q2 「琉璃」跟「玻璃」是一樣的東西嗎？

琉璃是中國古代對玻璃的稱呼。在古代，許多東西都被稱為「琉璃」；除了玻璃之外，有色的半透明玉石，用鋁和鈉的矽酸化合物燒製成、用在黏土外層的釉料等，也被稱為琉璃。中國的琉璃藝術大約起源於西周時期，主要成分是二氧化矽、氧化鉛和氧化鋇，屬於鉛鋇玻璃，不能做為食用器皿，只能用於裝飾品、禮器和隨葬品。這跟西洋玻璃的成分不同，做法也大不相同。現代的琉璃藝術大多採用古代青銅脫蠟鑄造法高溫脫蠟而成，須經過十多道手續才能完成。

吃喝玩樂去！

四方牧場

地址：苗栗縣竹南鎮崎頂里12鄰東崎頂9之6號
電話：（037）584-743
時間：8：00～18：00
門票：60元。
網址：www.fourways.com.tw/index.php

以飼養黑白花紋的荷蘭荷士登乳牛為主。在此可以體驗用奶瓶餵小牛喝牛奶，假日午後四點鐘也有擠乳解説活動。孩子們可以盡情在青青草原上奔跑外，還可以到雁鴨生態池餵雁鴨和錦鯉魚，或是體驗刺激的滑草活動。

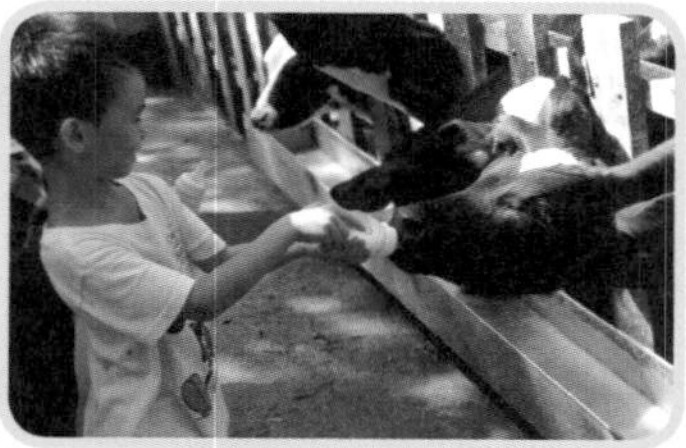

舊崎頂隧道

地址：崎頂車站（苗栗縣竹南鎮崎頂里北戶55號）北側觀景台

苗栗縣唯一的鐵路雙線子母舊隧道，建於一九二八年，在一九七五年因推動鐵路電氣化工程而遭廢棄，曾被淹沒在雜草間二十多年，一九九五年重新整理為崎頂隧道文化公園，夾在高台及鐵道之間，位置相當隱密。隧道以洋灰磚及紅磚砌成，還能看到二次大戰留下的彈痕，讓人有走入時光隧道、回到過去的錯覺。

竹南蛇窯

地址：苗栗縣竹南鎮公館里7鄰大埔頂7號（台1線99K處）
電話：（037）623-057、（037）624-473
時間：週三至週日9：00～17：00
門票：每人150元，可抵商品消費，不可抵用DIY體驗。優待票50元，不可抵任何消費。
網址：www.skiln.com.tw

由林添福先生在一九七二年帶領師傅建造而成，是台灣少數可繼續燒製的傳統蛇窯，曾獲選文建會「全國歷史建築百景」。來到這裡，可以近距離參觀蛇窯的構造，並且園區還重建了寶瓶窯、圓窯、文化窯、交趾窯等多種已消失的古窯，以及最新設計的化十窯、如意登窯等高溫柴燒窯。此外，也可體驗手捏陶、馬賽克拼貼及彩繪貓頭鷹撲滿DIY活動。

香香意麵

地址：苗栗縣竹南鎮民族街90號
時間：7：00至賣完為止。

簡樸道地的古早味意麵小吃攤，以意麵最受好評，不論乾、湯都讓人讚不絕口，祕訣是一定要攪拌均勻後再入口。其他如餛飩湯、香菇貢丸湯也廣受喜愛，還有肉質軟嫩又有嚼勁的嘴邊肉，記得切一盤來嚐嚐。

天仁茶文化館

地址：苗栗縣竹南鎮中華路422號
電話：（037）696-718
時間：週二至週日9：00～18：00，週一休館。
門票：免費入館參觀。
網址：www.tenren.com.tw/museum/index.asp

以「茶覺台灣味」為理念規劃主題展示區，設有親茶走廊，讓遊客了解茶樹的相關資訊及茶葉的分類與特性；在製茶初體驗區，有完整的製茶過程介紹；茶葉時光隧道則介紹自中國唐代以降的茶葉歷史。此外，更蒐集台灣及世界各地的茶葉和飲茶文化，走訪一趟，將對茶文化有全面的認識。

苗栗縣

金良興磚廠

三隻小豬裡那棟大野狼吹不倒的磚屋，應該是現代城市孩子對「磚」的第一印象吧！磚是歷史悠久的建材，台灣各地有許多三合院古厝都是磚造的，有些爸媽小時候可能就是住在磚造平房裡長大的。你可曾想過，磚是怎麼製作出來的？就讓我們到金良興磚廠一探究竟吧！

磚廠疊疊樂

走進金良興磚廠，第一印象就是「好大的廣場！」原來這廣場以前是用來曬已壓製成形的磚坯，磚坯要乾燥之後，才能送進窯裡燒製。現今由於生產線的改良，已不需要將磚坯移出來曬，這個廣場就成為遊客的休憩空間，有時在特別節日，還會用紅磚疊出主題迷宮，讓大小朋友一起進去挑戰看看。

廣場上，有磚砌拱門及多種運用紅磚打造的農村特色庭園造景，還有一棟小巧可愛的磚屋。轉頭一看，旁邊有幾個籃子裡裝滿了小磚塊，還有用途不明的木方框。一問之下才明白，原來這些小磚塊叫「八分之一

information

- **地址**：苗栗縣苑裡鎮山腳里20鄰錦山71-17號（苗130線上）
- **電話**：（037）746-368
- **營業時間**：週二至週日9：00～16：30，每週一公休。
- **收費方式**：園區參觀全票每人100元。彩繪杯墊180元，磚雕350元（含燒製費）。
- **網址**：www.jls-brick.com
- **備註**：一般遊客可自由前往。

磚」，遊客可以參考旁邊的小磚屋來疊房子，而那些木方框則是門和窗戶，能讓疊出來的房子更有模有樣。

接下來，可以先到灣麗磚瓦文物館逛逛。文物館裡展出許多精緻的磚雕作品，以及各式各樣的磚頭，還有用千分之一磚疊出的包仔窯、登窯、輪窯、隧道窯模型，當然也有磚瓦相關知識，能讓遊客在短時間內輕鬆了解磚瓦文化。

有些觀光工廠只能隔著玻璃窗參觀生產流程，而在金良興磚廠，卻可深入其境了解製磚過程。出發前，要先戴上館方提供的安全帽及口罩，因為磚廠裡粉塵量大，有呼吸道過敏疾病的人，建議避免進入才好。

首先走上空橋，可以看到噴煤粉的機器，這是燒窯所需的燃料。其下方則是熱氣回收管道，能將窯裡的熱氣送到乾燥室裡乾燥坯體。走下空橋後，會經過一個泥土堆，這些是製造

磚塊的原料，全是來自火炎山的風化頁泥岩。由於土裡含有鐵，所以磚塊在燒製後會變成紅色。

走上另一座空橋，可以目睹磚塊的成形過程。在輸送帶的運送下，乾沙土被絞碎拌成柔軟的含水泥土坯，然後被裁切成磚塊的形狀，機械手臂再將其交錯疊在台車上，疊滿了就送進乾燥室。接下來，沿著隧道窯外側步行，越往前，越接近窯火燃燒處，氣溫也明顯變得越來越熱，從中明白磚坯必須接受烈焰燒製的過程是怎麼一回事。

我畫、我雕，盡情揮灑創意

想創作出獨一無二的紅磚嗎？那一定得試試磚雕DIY活動。這裡提供的是窯前雕體驗，利用各種工具在柔軟的泥土坯體上雕刻，還可以將葉子拓印在上面；燒製後，葉子會燒盡，

只留下葉脈印在上頭的痕跡。為了確保燒製成功，師傅還得拿開已經疊好的磚坯，將它們放在中間，享受貴賓級的禮遇；三個星期後，就可以收到成品囉。建議爸媽可以跟著孩子一起動手製作自家門牌喔！

館方也提供彩繪杯墊DIY活動，每個杯墊上都已經雕刻出不同的花樣；可選擇喜歡的花樣，再為它彩繪上美麗顏色。另外，在金良興磚廠開發的相關產品中，有用千分之一磚來疊成小屋、拱橋、門樓或鐵塔的組合包，不妨買回家試著疊疊看，可沒想像中簡單呢！

每一種日常生活用品，除了原先的用途之外，都可以發揮想像力、為它注入藝術性，成為妝點生活的美學元素。以樸實的「磚」為出發點，讓孩子學習在生活裡，處處看見美的可能性。

磚瓦產業的故事

在中國地區，大約自戰國時期就開始使用磚，到秦漢時期以後更有重大發展，例如萬里長城就是用磚打造而成的，漢代則出現了裝飾用的磚刻，開啟了磚雕文化。

台灣地區直到荷蘭統治時期才開始燒製磚瓦；隨著時代演進，所使用的窯爐從包仔窯一直演變到產量最高的隧道窯。一九七〇、八〇年代，由於景氣好轉，以及建地法規的修改，各地開始大量建屋，磚瓦需求量也日漸增多，全盛時期光是在苑裡鎮就有十二家磚廠，十六條隧道窯，其中金良興的隧道窯是全苗栗縣最早建蓋的。之所以會有那麼多家磚廠聚集在

苑裡，是因為這裡的土質優良，適合用來製造磚瓦。近年來，由於建材的選擇越來越多，磚的需求量也就越來越低，目前全苑裡鎮仍在燒窯製磚的只剩下金良興了。

為了突破重圍，接手的第二代易榮昌先生積極轉型，試圖開拓磚的多樣化用途，像是利用磚雕藝術美化磚廠所在的山腳社區等。

至於觀光工廠部分，自開廠以來就常有學校主動要求前來參觀，因此，轉型對廠方來說並非難事，只要再針對遊客需求提供服務，就成了好玩又有趣的休憩去處。

親子時光Q&A

Q1 為什麼大部分磚塊的尺寸都相同，不像磁磚那樣有大有小？

磚塊的標準規格是：長二十公分，寬九・七公分，厚度五・三公分。這個尺寸大小主要是為了方便工匠抓握，因此規格大致相同。

Q2 不同的地磚鋪法，除了造就不同視覺效果之外，還有什麼特殊意義嗎？

在傳統建築中，地磚的砌法不同，各代表著不同的意義。將磚塊垂直交砌構成「丁」字，稱為「丁字砌」，代表禁止入內，也有生壯丁的意涵，通常用於臥室。而將磚塊以四十五度交砌構成「人」字形的砌法，稱為「人字砌」，表示歡迎進入，通常用在人來人往的客廳。

吃喝玩樂去！

山腳國小日治後期宿舍群

地址：苗栗縣苑裡鎮鎮舊社里10鄰7號

在山腳國小的角落，有著四棟雙拼格局的日式宿舍建築，為一九三五年中部大地震後重建的，約在一九三七到一九四四年間分批建造而成。日治時期曾依官階設定甲、乙、丙、丁四種官舍，此處屬於丙種官舍。在二〇〇一年校友提議修復保存後，現做為教室及研習室使用。

蘭草文化館

地址：苗栗縣苑裡鎮灣麗路99號

電話：（037）741-319

時間：週二至週日9：00～17：00，週一休館。

自清雍正時期，苑裡人就開始將野生藺草編織成草蓆等用具。到了日治時代，村內有位擅長編織草帽的婦人洪鴦，不藏私地將技術傳授給其他婦人，她們所編織的草帽深受日本人喜愛，一九三六年極盛時期，共外銷一千六百多頂帽子，產量僅次於糖和米。隨著台灣工業化及產業外移，苑裡的帽蓆業逐漸沒落。為了傳承此文化，苑裡在二〇〇五年設立藺草文化館，以模型重現藺草編織文化，設有藺草體驗區、帽蓆文化區、農村古文物展示區，也有專賣藺草編織藝品的台灣工藝之店，很值得一遊。

茂焱肉圓

地址：苗栗縣苑裡鎮為公路80號
時間：7：30～20：00

苑裡鎮在地知名老店，只賣肉圓和魚丸羹。肉圓的外皮Q彈，內餡肥瘦肉均勻，口感恰到好處。魚丸羹的魚丸咬起來Q脆有嚼勁，羹湯是用蔬菜和大骨湯熬煮而成，完全不加味精，相當鮮美。

風味麵食館

地址：苗栗縣苑裡鎮大同路建國路交叉口

口味傳統道地的麵店，品項齊全，價廉味美，有餛飩、肉羹、豬肝、排骨麵等湯品及粄條。乾麵裡的古早味肉燥廣受好評；排骨麵用的是醃過再炸的排骨酥；還有在油豆腐中釀入絞肉的豆腐肉、黑白切滷味等，可讓人吃得很飽足。

information

- **地址**：南投縣埔里鎮鐵山里鐵山路310號
- **電話**：（049）291-3037
- **營業時間**：9：00～17：00，全年無休。
- **收費方式**：不需門票，DIY有手抄紙、印刷、拓印、絹印、手印、紙鐘及押花紙小夜燈等項目，費用從每人40～260元不等。
- **網址**：www.taiwanpaper.com.tw
- **備註**：20人以上團體採預約參觀，可安排導覽解說。

南投縣

廣興紙寮

每天九點過後，隨著一般遊客和校外教學的學生到來，原本安靜的廣興紙寮頓時充滿了各種聲音。導覽員的活力教學、小朋友的笑鬧互動、抄紙時的來回篩水聲、園區外的狗吠，一片鬧哄哄中，只見黃煥彰獨坐在紙台前品檢，靜靜聽著這些美好的聲音；他說唯有這樣，紙寮才是活的地方！

重建手工造紙文化

　黃煥彰是廣興紙寮第二代經營者，一九九一年接手造紙廠時，隨即面臨手工造紙產業外移和關廠的重大變遷，迅速沒落的手工紙業讓他轉而思考，應以產業文化教育與研發產品用途兩種方式保存造紙文化，因此，在一九九六年正式轉型發展為觀光產業，成為國內觀光工廠的先驅者。

　黃煥彰認為手工造紙產業本身就是一種文化，要像日本人蓋房子一樣，對建材和施工者都加以重視，畢竟要做出好的手工紙，有一半來自配方比例，另一半關鍵則取決於手工製作的師傅們。黃煥彰和這些師傅一樣，「一生都浸在紙裡」，早年人工不被重視、沒建立起來的文化制度，透過觀光教育的方式，讓大眾了解手工造紙的流程和種類，進而尊重、喜愛這項產業。

　這項吃力不討好的課題，也許短

期內看不見成果，廣興紙寮卻把握住每一場的參觀人次，要將種子植入每個孩童的心裡！

自製專屬的手工紙

大小朋友一進入舊廠房所改建的紙寮，不管人數多寡，導覽員都會主動上前來導覽解說，帶著遊客逐一參觀抄紙區、烘紙區及紙藝文化館。透過手工紙材料的陳設、師傅現場製作的流程、操作機台的實際演練，讓小朋友發現稀鬆平常的一張紙，原來得經過取材、蒸煮、漂洗、打漿、抄紙、壓紙、烘紙等多道程序，才能將植物纖維變成紙張。

了解製紙流程後，小朋友早就迫不及待跑到DIY抄紙教室，在導覽員的示範說明下，模仿起剛剛抄紙、烘紙師傅的手勢，作出專屬於自己的手抄紙！

手上拿著自製紙的大小朋友們，

這裡最好玩！

紙可以用來寫字、畫畫、製成各種紙製品，但它能吃嗎？廣興紙寮開發的「可以吃的紙」，實現了這個可能性！以紙張發明者蔡倫所命名的「菜倫紙」，運用柚子、辣椒、玫瑰、蔥等四種植物纖維，製成了四種口味的蔬菜紙。有機會來廣興紙寮，記得要嚐嚐假日才有的紙飯糰，或是單買紙張回家DIY，創造自己的紙料理喔！

可別這樣就心滿意足地離開了，循著紙寮入口的小徑，會來到台灣手工紙店的館舍。館內書畫氣息濃厚，收藏了上百款手工紙，每款紙上還登載著品名、重量、製漿師傅、抄紙師傅、烘紙師傅、製造日期……等生產紀錄，表示造紙廠對產品的負責態度，體現館主所說「手工造紙是很龜毛的行業」。

除了欣賞手工紙，還可以到旁邊的PAPER菜專賣店，參觀自然造紙創庫和手工紙文創商品，看看以一百種植物纖維製成的各式紙張，讓小朋友感受手工紙的奧妙無窮！

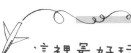

埔里紙業的故事

埔里是台灣的地理中心，也是台灣發展紙業的開端。日治時代末期，日本人發現埔里的水質和氣候很適合製造高級的「和紙」，特別是純淨的水質，可製作出潔白高品質的紙張。因此，就在取水方便的愛蘭溪旁，搭建了第一座手工造紙廠，之後雖被洪水淹沒，仍繼續在南烘溪的北岸搭建紙廠，成立了「埔里製紙所」，並從日本聘請造紙師傅來此傳授技術，打下埔里紙業的根基。

全盛時期，埔里的造紙廠曾多達五十幾家，不但供應經濟日漸發達的內銷市場，也外銷到日本和韓國，成為日本及東南亞間最大的手工紙供應地，至此巔峰時期樹立了「手工紙的故鄉」稱號。

親子時光Q&A

Q1 哪些植物可以拿來作手工紙？

其實任何植物纖維都可以造紙，通常會依照地區、用途和紙張性質來選擇不同的植物原料。早期使用的造紙原料多為麻、皮、藤、草、竹五大類，隨著造紙技術演進，大宗造紙的主要原料更增添了構樹、雁樹、桑樹、馬拉巴栗……等樹皮，搭配各種植物纖維的長短特性，製成特色各異的手工紙。

Q2 師傅們口中所說的「紙豆腐」是什麼？

在造紙的過程中，師傅們用竹簾將紙漿纖維重組進行抄紙時，都會在紙張一側放上一條尼龍繩，方便之後計算工資和烘紙時拿取。但因剛抄好的紙水分含量還很高，必須一張張疊起，藉其重量讓水分自然壓榨去除，靜置一夜後，再以機器慢慢壓榨；而此時疊起的紙張外觀形如一大塊白豆腐，加上紙張脆弱的特性也宛如豆腐一般，因此被師傅們稱為「紙豆腐」。

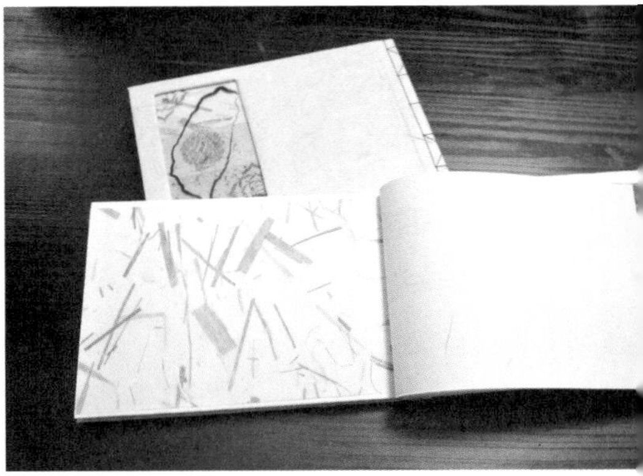

話説中國第一發明
【紙最今迷】
廣興紙寮

吃喝玩樂去！

恆吉城早餐店

地址：南投縣埔里鎮大城路250號
電話：（049）291-3691
時間：5：30～10：00

隱身在恆吉社區的恆吉城早餐店，少有媒體報導，卻是當地暨南大學學生心中第一名的私房早點！乾淨寬敞的料理台上，擺放了肉燥、菜脯、蒜苗等備料，是碗粿、蘿蔔糕和煎大餅必備的豐盛配料，味美價廉，輕易就能感動來訪者的味蕾和心情。特別的是，老闆也會將自家栽種的高麗菜和蘿蔔等蔬菜應用在料理上，添增了一份美味心意。

蘇媽媽湯圓

地址：南投縣埔里鎮中山路三段118號
電話：（049）298-8915
時間：11：00～21：00

因企業家郭台銘造訪過而聲名大噪的蘇媽媽湯圓，以古早味的手工湯圓牢牢黏住遊客的嘴。店內的招牌菜色有鮮肉湯圓、小顆的養生甜湯圓及包餡的三寶甜湯圓，軟嫩清香的湯圓外皮，讓人不小心就多吃了幾顆，搭配上爽口的甜鹹湯頭，讓喜愛湯圓小吃的遊客大快朵頤！

森心咖啡

地址：南投縣埔里鎮信義路121號
電話：（049）298-3278
時間：11：00～21：00

有如森林小屋的森心咖啡，位在信義路、和平東路交叉口，因戶外綠籬茂密不易被發現，一走進，感覺別有洞天。來到這座咖啡館，令人驚喜的是，室內空間由一棟老房子整建而成，白色原木色系的設計，搭配上窗外的花園綠意，讓人賴著不走、悠閒度過一段午後時光。咖啡館內也提供有餐點和下午茶，茶點皆由老闆親自烘焙，可點幾樣來嚐嚐。

玫開四度食用玫瑰園

地址：南投縣埔里鎮牛眠里內埔路2-2號
電話：0972-359-915、0933-420-572

有「切花王國」之稱的埔里山城，有一對花農夫婦相信，代表美與愛的玫瑰可以有機栽種的方式培育，縱使不被認同，甚至被人笑傻，他們仍以緩慢但堅定的步伐，實現了種出食用玫瑰的夢想。目前，玫瑰園自製的花醬、乾燥花瓣和玫瑰糙米醋等，早已成為可安心食用的珍貴甜品。

information

* **地址**：南投縣水里鄉車埕村民權巷110-2號
* **電話**：（049）287-1791
* **營業時間**：平日9：00～17：00，假日9：00～17：30
* **收費方式**：不需門票，木工DIY依項目另計。
* **備註**：提供導覽收費服務，一位導覽人員800元，行程約45分鐘至1小時，須事先預約。

南投縣

車埕木業展示館

南投水里鄉的車埕村，以往曾經歷樟腦、糖業及木業等產業發展，保留有許多動人故事和產業樣貌。九二一地震後，經過日月潭國家風景區管理處重整，以「生活環境博物園」的活聚落概念發展，適合熱愛人文歷史的大小朋友來此一遊。

因火車而生的聚落

搭乘集集線火車，穿過第五座隧道，豁然開朗的山坳景致，提醒著大小朋友即將抵達支線終點站——車埕。車埕村在松柏崙山和集集大山環繞下，並有水里溪伴隨在側，腹地平坦、地理位置特殊，享有「小台北」之美譽。

一踏上月台，檜木打造的車站體和多線交錯的鐵軌，不難想像這裡曾繁榮一時的木業盛況。寬闊的廣場隨著交通工具的演進，而有著不同的稱呼，比方說，早年以牛車運送蔗糖時期稱為「牛車寮」；日治時期改以輕便台車運送並兼作客運，成為百輛台車的聚集地，而被稱為「車場」，因與閩南語「車埕」音相近而得名。經過解說，讓大小朋友明瞭村落名稱由來，實與交通和產業發展息息相關。

循著鐵軌前進，可見幾輛保存良好的人力台車仍可運作，假日開放提供給大小朋友體驗。必須透過使勁按壓的機械原理才能前進的台車，正好考驗了親子間的默契，也讓人親身感受早年運輸的辛勞。

續往前行，依序經過號誌樓、水鶴區、加媒平台、鐵路倉庫、骨董火車車廂等鐵道設備，都是早期蒸汽火車需要使用的相關器材，完整豐富的展示，讓喜愛火車的小朋友，開心地睜大眼睛、四處奔跑！

小朋友跑累了，不妨到鐵軌旁的老榕樹下休息一會兒，據說這棵繁密茁壯的榕樹已經有百年歷史，是聚落發展的起點喔！

重現當年木業風華

來到外觀奇特的木業展示館，很難不被其尖頂雙斜的硬體結構所吸引。這座有著強烈現代設計感的建築，是當年邀請日本設計團隊、歷時兩年整建，以舊木料為主、鋼骨為輔

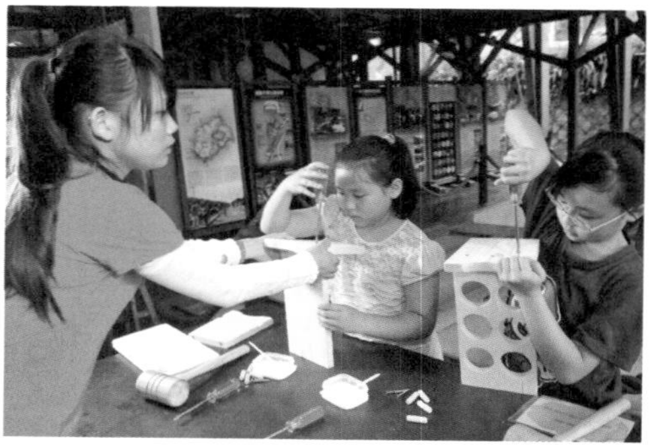

的方式，將過去的木業舊廠房改建而成。挑高兩層樓的空間，模擬了當時木料送到廠房內的裁切加工場景；站在機械兩旁的木工師傅蠟像，更猶如回到當年木業極盛時期的場景一般。

除了廠房環境的呈現，展示館也保留、修建了運送木材的天橋和天車，透過設備器材來解說，讓人更容易了解木料處理的繁瑣手續和工程。

此外，展示館後方設有室內展館和視聽室，陳列了各類樹種的木材和伐木老照片，安靜舒適的環境，讓大小朋友得以靜下心來，慢慢觀看車埕木業的歷史資料和木料資訊。

想體驗木作的小朋友，也可以到販售區挑選板凳、書架、筆筒或木便當盒等商品，在木工DIY區進行組裝、彩繪，悠閒地度過一下午；或是挑戰館方特製的木頭益智玩具，動動手和腦，度過歡樂時光。

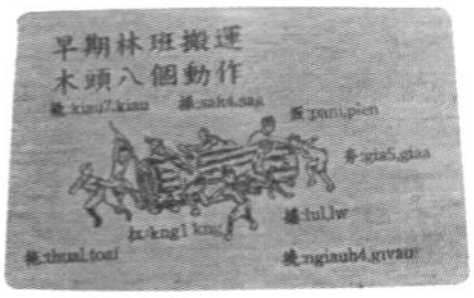

車埕木業的故事

一九五九年取得丹大林區採伐權的振昌興業公司，為了開採木頭外銷，投入鉅額，建造了運輸木料的丹大林道，起自南投信義鄉直至花蓮縣境內。

為了便於轉運木材，而在集集線鐵路的終點車埕站，設立了木材加工廠和事業部，蒸蒸日上的業務規模，引進了數千名的工作人員，一時開啟了小鎮的熱鬧繁華。

直到一九八六年，因政府頒布禁伐政策，導致加工廠停工，讓原本幾占車埕村六成居民的木材產業周邊人員紛紛離去，村落因此迅速沒落，成為往昔林業時期的遺跡。

親子時光Q&A

Q1 展示館旁有個大水池，是用來做什麼的？

這個水池其實是早年木料的泡湯區，也是木材加工前的重要場所。砍伐、運送到車埕的原木料，會先用右端的天車吊放至水池中，須加工或外銷時，再以左端的天車吊出。深達二～四公尺的貯木池，最重要的目的有三大項，一是為了防止原木端部裂開；二是藉由水溶解木材中的醣分，達到防腐、防蟲蛀的目的；三是水可分解木材的天然樹脂，達到保持原木材質的安定性。功能多多的貯木池，可是早期每個木料加工廠都會具備的設施喔！

Q2 展示館內提到的大剖廠是什麼？

基於運輸成本考量，原木大多會在車埕進行初級加工、裁切，將巨大的木料裁成木條、木板、木柱等形式後再運送出去，而大剖廠就是木料送出去前、進行加工的主要地方。原木從貯木池拉進大剖廠，必須經過定位、量測、裁切、撿拾等主要步驟，透過有經驗的大剖師目測，判斷各種木料的適合裁切方式，搭配裁切師的精準工法，才能達到最大效益。

吃喝玩樂去！

林班道商圈

地址：南投縣水里鄉車埕村民權巷101-5號
電話：（049）277-5976
時間：平日10：00～18：00，例假日9：00～19：00，週三公休。

林班道商圈緊鄰車埕木業展示館，是運用振昌木業公司的外銷倉庫，重新改建為一美食、體驗、購物兼具的商圈。嶄新具設計感的商圈，內部有多家優質文創小店，如樂活倉庫、達原良生活小舖、FUN旅遊手創專賣等店，也有提供親子一起DIY的體驗工廠和DIY小舖，豐富多元的選項是親子遊玩的好選擇！

明潭水庫

地址：南投縣水里鄉鉅工村二坪路20號

明潭水庫是運用水里溪河谷地形築大壩，攔蓄日月潭發電後的尾水人工湖泊，為一抽蓄發電廠，也是國內最大的水力發電廠。美麗的湖泊景觀從環山公路即可一窺美景，且因水庫上下池的高度落差，而有「三潭印月」和「水落橋出」等著名景觀。此外，由發電廠自營的福利社，運用二坪山上的甘甜水質製作的冰棒，更是水里的特產，時間許可的話，不妨上山吃冰去！

★日期 ★天氣 ★同遊伙伴 ★迷你相片簿 ★最難忘的事 ★最好玩的事 ★最驚奇的發現 ★最得意的作品

董家肉圓

地址：南投縣水里鄉民生路275號
電話：（049）277-3030
時間：平日14：00～18：30，**假日**14：00～17：00（**賣完為止**）。

位於市街上的董家肉圓，每到下午開店時間，就開始湧現人潮，不分在地居民或遊客，早已習慣來到水里，總要來此吃肉圓充當午後點心。以低溫油炸的肉圓，外皮軟嫩彈口，配上豬肉和筍丁內餡，咬下去滿是肉汁香氣，教人滿足。特別的是，店內也提供有免費大骨湯，可澆淋在食用完畢的碗裡，連同剩餘內餡喝下，就是一碗不浪費的美味好湯。

野味王山產餐廳

地址：南投縣水里鄉民權路340號
電話：（049）277-5871
時間：9：00～21：00

距離水里火車站不遠的野味王山產餐廳，招牌是羊肉全料理，選用台灣生產的土羊為食材，經過老闆的料理研發，一隻羊從頭到尾都是佳餚，尤其是香氣四溢的當歸羊肉爐，更是店內二十幾年來的人氣菜色。此外，老店也提供有山豬、蜂蝦、溪魚等各式山產料理，喜歡嚐鮮的遊客記得來試試。

雲林縣

興隆毛巾觀光工廠

巧克力蛋糕、起司派、棒棒糖、甜筒冰淇淋，今天你想吃哪一道？軟綿可口的甜點，讓人看了垂涎欲滴，忍不住想統統帶回家。一拿起，才發現怎麼這麼輕？原來是用毛巾摺出來的蛋糕造型啊！這個將毛巾變成蛋糕的魔法，不但讓大小朋友樂翻天，也讓成立三十三年的興隆毛巾工廠，順利從傳統生產工廠轉型為觀光工廠。

information

- **地址**：雲林縣虎尾鎮埒內里84-1號
- **電話**：（05）622-0559
- **營業時間**：平日8：30～12：00、13：00～17：00，假日8：30～17：00
- **收費方式**：假日整點定時提供免費導覽，蛋糕毛巾DIY每人150元，健康毛巾操每人100元（須滿20人以上）。
- **網址**：www.sltowel.com.tw
- **備註**：20人以上團體須預約，同一時段僅接受一個團體，以預約順序為優先。

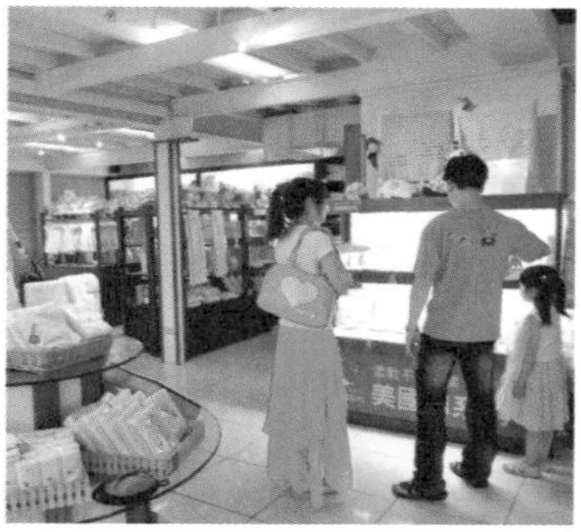

毛巾產業歷經興衰

創辦初期，以鞋底布代工為主的興隆紡織廠，隨著民國七十年代毛巾外銷市場的起飛，很快轉接毛巾胚布代工，開始了毛巾生產事業。當時外銷拚產量，幾乎做多少就賣多少，二十多台毛巾梭織機全天候運作，師傅分三班制輪班上工，風光盛極一時，也讓興隆決定擴廠、搬遷至現址，逐步擴增廠內設備，轉而生產毛巾，這是興隆的第一次產業轉型。

與其他傳統產業際遇相同，民國八十年代遭逢東南亞廉價人工影響，導致外銷榮景不再，廠商紛紛出走或關廠。興隆不願停產，轉而朝內銷市場發展，直到加入WTO後，中國製品大舉入侵，低價策略徹底打敗國內毛巾業者，讓興隆也出現經營危機，慘澹時期廠內甚至作三天、休二天。

幸而在第二代回來接手後，大膽研發毛巾蛋糕的創意，成功開拓企業贈品市場，給予興隆不同的生產路線，也順勢將廠區轉型為觀光工廠，大方公開製作過程，要讓消費者知道每天使用的毛巾是怎麼做出來的。

好想吃一口毛巾蛋糕

一進入園區，會看到一排毛巾做成的導覽布條，特製的字樣讓遊客馬上感受到身處毛巾工廠的用心。來到綠意盎然的楓香林道下，解說員會先以立牌解說毛巾製作過程，以及各時代使用的紡織機器，讓遊客初步認識毛巾的生產流程。

接著，來到織造部和經紗部，可經由透明落地窗，實地看見廠房內的生產情形。不論是飛速運轉的機器設備，還是師傅忙碌操作的身影，都讓遊客驚嘆看似不起眼的毛巾，原來得經過如此多道程序。經過解說員說明，才發現師傅們個個戴上工作帽和口罩，原來是因為廠內充滿細小棉絮的空氣，和機械轟隆隆的聲響，這讓隔著一層玻璃觀看的遊客，也能察覺現場工作的辛勞。

參觀完生產線，終於來到期待已久的毛巾蛋糕小舖和幸福蛋糕廚房。一推門進入小舖，幾近兩層樓高的聖誕樹形架上，擺滿了各式蛋糕、動物、蔬菜……等特殊造型的毛巾商品，打造出繽紛歡樂的氣氛。

位於二樓的蛋糕廚房，就是「不搗蛋、免烤箱」的DIY教室，只要依照解說員的指示一摺一彎，原本的方形毛巾，就能藉由洗衣夾和橡皮筋，完成可愛的動物或甜點造型毛巾囉！簡單又有成就感的課程，常讓小朋友吵著做第二個呢！

DIY結束後，別忘了參觀教室旁的巨型毛巾蛋糕，三層立體的蛋糕高達一三〇公分，粉紅輕柔的色澤和擬真細緻的奶油花，可是花費了八條浴巾和九十條方巾才完成的，堪稱是興隆毛巾的鎮廠之寶。

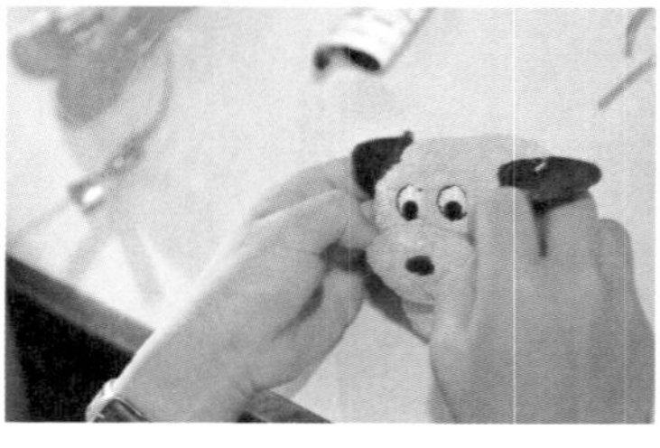

全世界最大
巾蛋糕
直徑120cm 高度132cm
浴巾8條 方巾90條
費時6天完成

毛巾故鄉的故事

你知道台灣製造的毛巾，八成以上都來自雲林虎尾這個小鎮嗎？

原因得追溯到一九五〇年，從上海來的顧家五兄弟，選擇在虎尾創立中大棉織廠，除了帶來當地工作機會，也培養了不少技術人員和操作紡織機的女工。因此，當毛巾產業因應外銷市場蓬勃發展時，虎尾及周邊鄉鎮也相繼成立許多毛巾工廠，全盛時期有二百多家相關廠商。

製作毛巾的流程，得經過許多不同功能的大型機器，國內少有一貫作業的大廠，因而造就以小型工廠為主的產業群聚效應，這也是虎尾得以成為毛巾故鄉的原因之一。

興隆毛巾工廠一直以來堅持控管品質，採用自然原料，從織造、漂染、印花到包裝，都在雲林虎尾與當地夥伴一起生產。

親子時光Q&A

Q1 毛巾的原料是什麼？

最好的毛巾原料是棉花，有百分之百純天然植物棉，或青森棉與純棉各混合一半的木漿棉，以上皆為天然材質。另有一些毛巾添加化工原料或混紡，品質較差，觸感硬、棉絮多、不耐用。

Q2 毛巾是怎麼做成的？

從棉花變成毛巾的過程，比想像中複雜許多。製作前，必須先設計好毛巾樣式，將樣式匯入機台進行打版設定。在此同時，還得到棉紗廠內選擇適合的原紗材料，將原紗整經在盤頭上面經紗，再藉由漿紗讓紗線在織造過程中不易斷裂，就可正式上機織造了。

織造出來的成品就是毛巾的原型——胚布，接著還得進行精練、漂白、染色、展布、脫水、烘乾等染整過程，再依照胚布布邊裁開來車邊、剪開來摺布頭，就是半成品了。最後，視毛巾樣式送往印花廠印刷或繡花廠繡花，就可以修剪掉多餘線頭和剔除不良品，正式包裝出貨囉！

吃喝玩樂去！

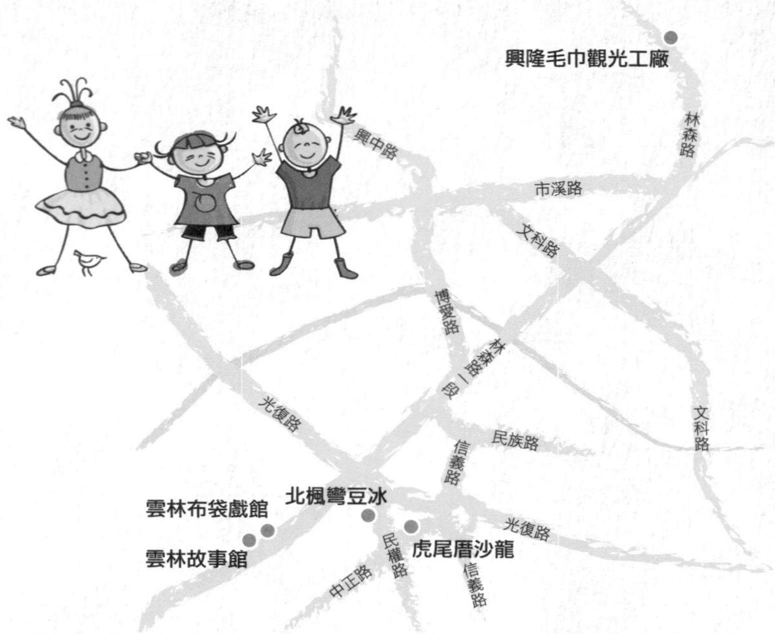

雲林故事館

地址：雲林縣虎尾鎮林森路一段528號
電話：（05）631-1436
時間：週三至週日10：00～18：00，夏季週五12：00～20：00，週一、週二休館

喧鬧的虎尾鎮中心，靜立一棟木造日式平房，幽靜舒適的園區，吸引遊人一探究竟。一走進，才發現原來這棟建築是日治時代的郡守官邸，是當時長官的高級房舍，經過地方人士的保留與整修，不但成功登錄為歷史建築，也是雲林縣內第一件古蹟再利用的案例，以故事館面貌重新對外開放。如今，假日館內提供有定時館舍導覽，平日也有讀書會、說故事、展覽、農夫市集等活動，適合帶著小朋友來走走、聽聽故事！

雲林布袋戲館

地址：雲林縣虎尾鎮林森路一段498號
電話：（05）631-3080
時間：10：00～18：00，週一、週二及國定假日休館

位於故事館旁的雲林布袋戲館，原為虎尾郡役所建築，經過保留修繕後，由雲林縣政府文化局經營。館內除有布袋戲發展史與戲偶陳列靜態展，也提供操偶體驗、親子彩繪、木偶雕刻彩繪等活動，還不定期推出主題展，讓喜愛布袋戲的戲迷過癮極了。每年八至十一月間，布袋戲館與雲林國際偶戲藝術節結合，設計一系列有趣活動，發揚布袋戲故鄉和偶戲文化的在地藝術。

我家的小小旅行回憶

——用相片、文字、戳記、剪貼，收藏旅遊的回憶和感動！

★日期 ★天氣 ★同遊夥伴 ★旅遊相片等 ★最難忘的事 ★最好玩的事 ★最驚奇的發現 ★最得意的作品 ★非玩不可的體驗 ★一定要吃的……

虎尾厝沙龍

地址：雲林縣虎尾鎮民權路51巷3號
電話：（05）631-3826
時間：10：00～24：00

以十七世紀法國文藝匯聚的沙龍為名，虎尾厝沙龍以獨立書店為基礎，立身在這棟七十年的和洋式歷史建築園區，凝聚在地文學、影像、音樂、茶會、讀書會……等藝文活動，成為雲林地區第一個結合多樣文化樣貌的空間。兼具現代與傳統的內部設計，加上歐洲古典家具妝點，散發出中西融合的優雅韻味，讓來客在此閱讀或享用輕食飲品，都成了一種享受。

北楓彎豆冰

地址：雲林縣虎尾鎮民權路61號
電話：（05）633-5819
時間：10：00～21：00

開店近二十年的北楓彎豆冰，是不少在地人的童年回憶。天熱時，來一碗彎豆冰或鹹冰淇淋，就是最道地的甜品點心。以綠豆沙為底，再加上大紅豆和兩球冰淇淋的彎豆冰，是店內的人氣冰品，不但吃得到老闆熬煮的古早味綠豆沙，還能自己選擇兩種口味的冰淇淋。店內共有十一種冰淇淋口味，全由老闆自製，最受喜愛的是蜜果和鹹冰淇淋口味，動作慢的話，可能吃不到喔！

三和瓦窯

許多古蹟或廟宇外觀總是以紅磚瓦窯堆砌，洋溢一片澄紅古風。但大小朋友是否知道構成這幅美麗景象的一磚一瓦，是怎麼燒製出來的？位於高雄大樹地區的三和瓦窯，正是一家專門燒製磚和瓦的觀光工廠，爸媽可帶著孩子來此參觀窯廠，遙想一下舊時光喔！

information

- **地址**：高雄市大樹區竹寮路94號（舊鐵橋濕地公園旁）
- **電話**：（07）652-1432、（07）651-2037
- **營業時間**：週一至週五8：00～17：00，週末8：00～19：00
- **收費方式**：不須門票。導覽費用每人50元，DIY課程視種類另外計費。
- **網址**：tw.myblog.yahoo.com/san-333

磚雕窗花古意濃

來到高雄大樹區，遠遠就可以看見三座高聳的煙囪，提醒著遊客瓦窯廠快到了。以土角磚、紅磚和屋瓦搭蓋的三和瓦窯，入口牆面有精美的磚雕、窗花，以及運用紅磚組合而成的花面造型牆，讓人還沒進入園區，就感受到紅磚屋瓦的典雅之美。

準備進入窯廠園區時，導覽員會提醒個子高的遊客，小心不要碰撞到低矮的屋簷，以及園區內的光線較昏暗，要留意避免碰撞……這樣的設計不是傳統窯廠的缺失，而是刻意不讓大量的風吹進半開放的窯廠，以免正在自然乾燥的粗坯太快風乾而產生裂痕。由此，不難感受到看似簡單的窯廠建築，處處蘊藏著設計巧思。

繼續跟著導覽員的腳步，和牆面的解說立牌，大小朋友可以了解磚瓦窯在台灣的發展歷程、傳統窯爐的分類、磚瓦燒製過程、磚雕類型，以及三和瓦窯的發展歷史……運用現場種類多元的產品，就近說明其造型和功能，讓大小朋友頻頻發出「哇！這個

平安
福

東西我在古蹟裡看到過」的驚嘆，進而拉近磚瓦和生活的連結性。

此外，大小朋友還可動手體驗畫陶板、砌陶磚、捏陶偶、自製磚戒……等，用磚瓦陶片做個漂亮的成品帶回家欣賞，趣味無窮！

龜仔窯烈焰百年

往窯廠深處走，會看到幾位師傅正汗流浹背在窯火前控制溫度，導覽員強調，一旦開始燒窯，就必須二十四小時看顧窯火，連續三天三夜是基本天數；傳統窯爐更動輒三、四個禮拜，往往必須動員三班人力輪班。現場高溫悶熱的空氣，讓大小朋友不禁想加快腳步通過，也真實感受到傳統燒製工作的辛勞。

環顧窯廠內部，可見多種造型不一的窯爐，這是因應客戶需求和燒製時間長短而區分，目前廠內有龜仔窯、四角窯和電窯等窯爐，其中尤以百年歷史的三座龜仔窯最為珍貴。

當走進這座被列為古蹟、三層樓高的龜仔窯時，連人都變得渺小，很難想像裡頭堆滿磚窯的景象。事實上，這的確是一項艱難的工程，光是疊窯就需要一週時間，而且必須考量不同產品的排列組合，是否能讓火路順暢平均，在在考驗著疊窯師傅的經驗，也關係著燒製後的成品品質。

三和瓦窯對其燒窯精神下了這樣的註解：「從泥土變成磚，需要六個月的照顧，還得經過多少溫暖的手，才能變成紅寶石。龜仔窯圓圓的肚仔，就像母親孕育著小孩，細心呵護、小心照顧」。三和瓦窯一直以來，將這份初衷保存在百年歷史的龜仔窯裡，值得一探究竟。

磚瓦窯的故事

台灣的磚瓦燒製歷史由來已久，自荷蘭時期受雇於荷人取土燒磚開始，明鄭時期正式引進窯業蓋瓦窯，使得早年的草厝改為瓦頂，大幅提升生活品質。到了日治時期，瓦業發展穩定迅速，並隨土源充足處開始出現聚集地，如鶯歌、竹南、集集、六甲、大樹等地。

其中，大樹地區鄰近高屏溪，取水方便，且當地土質細膩、具黏性，適合燒製磚瓦與陶器，品質也頗受好評。極盛期曾多達二十幾家磚瓦廠在此聚集。然而，隨著建築材料轉型，石棉瓦、鋼筋水泥興起，導致磚瓦業快速沒落，讓瓦窯廠短短幾年內相繼倒閉，只剩三和瓦窯為目前高屏縣市僅存、仍在燒製磚瓦的窯廠。

親子時光Q&A

Q1 磚和瓦各有哪些種類？

磚和瓦是早期的建築材料，磚用來疊柱、砌牆和鋪地，瓦則主要用於覆蓋屋頂。磚的種類視用途分類極多，常見的有尺磚、六角磚、八角磚、甕磚、清水磚、五寸磚、貼磚、花磚、空心磚……等。瓦片依照使用位置不同，分為筒瓦、薄紅瓦、軒瓦、板瓦等類別。琳瑯滿目的型態，足見磚瓦工藝的內涵與精深。

Q2 紅磚上常會看到圖案裝飾，那是怎麼做出來的？

紅磚上的圖案，通常來自「磚雕」技術。因磚雕需要較高的製作技術和工本，多用在寺廟、老街、宅第或花園樓臺中，不常見於一般民宅。磚雕技法可分為「窯前雕」和「窯後雕」，前者容易雕刻但燒製易變形，後者雕刻過程耗時費事，各有難處。形塑其造型的手法，又可分為線雕、浮雕、陽雕、透雕、捏塑等，因技術學習不易，目前磚雕工藝已逐漸失傳。

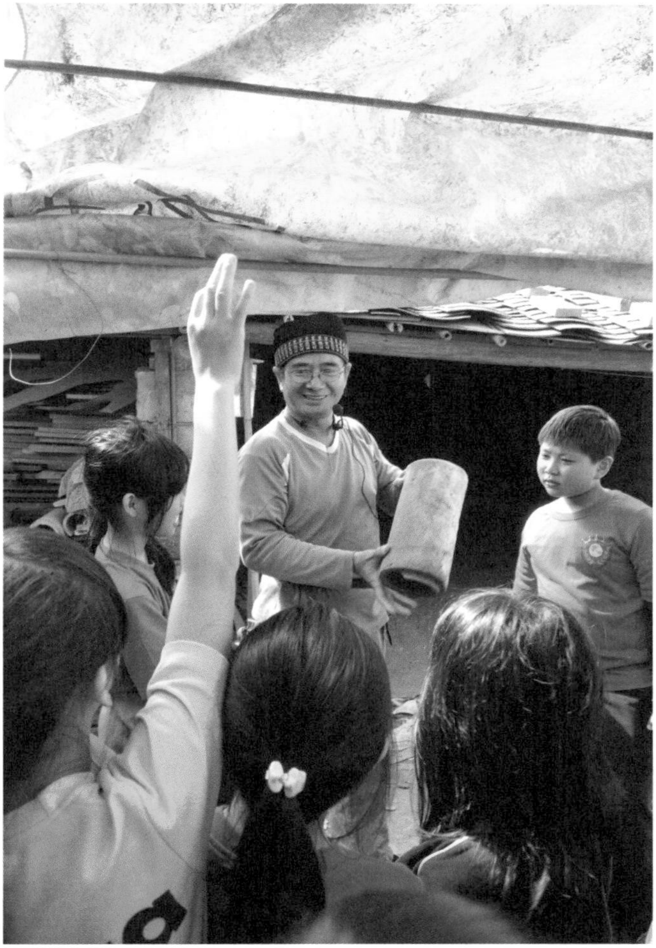

平安

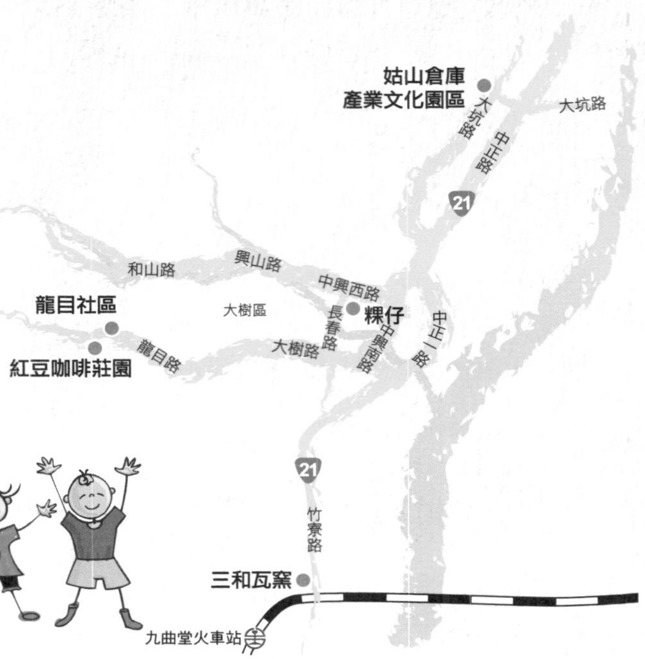

姑山倉庫產業文化園區

地址：高雄市大樹區大坑里大坑路108-18號
電話：（07）656-5101
時間：8：00～17：00

隸屬於大樹鄉農會的姑山倉庫，將舊有的稻穀倉庫重新整理轉型，提供稻穀加工體驗區、香草花卉教育區、蜜蜂生態教育區、租借腳踏車等服務，適合在此休憩。園區內也設有農特產販賣區和咖啡簡餐區，並針對大樹地區的水果物產，研發出鳳梨粉粿和荔枝蒟蒻兩種口味的冰棒，深受大小遊客的喜愛！

龍目社區

龍目社區曾獲農村社區公共設施改善計畫補助，以「紅瓦、綠意、藍渠」為主題的改善計畫，將社區內的排水溝設施與社區牆面裝飾，結合周遭鳳梨、荔枝園的意象，運用三和瓦窯的磚片進行拼貼藝術，讓人感受到農村的純樸氣息。有時間的話，不妨進來社區散步閒逛，順道拜訪迷你可愛的龍目國小。

紅豆咖啡莊園

地址：高雄市大樹區龍目路54號
電話：（07）651-9577
時間：10：00～22：00，**每週一公休**

由龍目井咖啡產銷班自營的莊園，老闆洪志昌運用本地栽種的咖啡自行烘焙，精心研發出低咖啡因的清爽口感。小巧隱密的用餐空間，除了提供咖啡飲品，也以咖啡入菜，推出以咖啡和中藥材燉煮的養生雞盅、咖啡茶葉蛋，香氣迷人。此外，莊園也推出手網烘焙DIY的服務，一次可體驗三～四人份，適合親子或好友一同體驗。

粿仔

大樹地區的特產小吃非粿仔莫屬，來到當地務必品嚐。以在來米製作而成的粿仔，依照烹調方式有厚薄之分，厚的適合煮成粿仔湯，中等薄度就用炒的，薄的就直接沾鳳梨醬或蒜頭醬油吃，不同料理方式各有風味，看得出在地人對粿仔的熱愛。點粿仔來吃時，記得搭配一碗粉腸湯更美味喔！

帶孩子遊觀光工廠×玩創意×說故事
跟著爸媽的童玩記憶去旅行

作者：小豌豆玩樂隊
總編輯：林慧美
主編：謝美玲
撰文：洪禎璐、黃南、咖啡風
攝影：何忠誠
插圖：張茹雲、高慈婕
封面設計：高茲琳
美術設計：林佩樺

發行人：洪祺祥
發行：日月文化集團 日月文化出版股份有限公司
出版：大好書屋
地址：台北市信義路三段151號9樓
電話：(02)2708-5509　傳真：(02)2708-6157
E-mail：service_books@heliopolis.com.tw
日月文化網路書店：http://www.ezbooks.com.tw
郵撥帳號：19716071 日月文化出版股份有限公司
法律顧問：建大法律事務所
總經銷：聯合發行股份有限公司
電話：（02）2917-8022　傳真：（02）2915-7212
初版一刷：2012年12月
定價：350元
ISBN：978-986-731-088-0

國家圖書館出版品預行編目資料

帶孩子遊觀光工廠×玩創意×說故事：跟著爸媽的童玩記憶去旅行／小豌豆玩樂隊著. -- 初版. -- 臺北市：大好書屋出版：日月文化發行, 2012.12
224面；17×23公分
ISBN 978-986-731-088-0（平裝）
1.臺灣遊記　2.文化觀光　3.工廠
733.6　　101020712

日月文化集團
HELIOPOLIS
CULTURE GROUP
服務專線 02-2708-5875
服務傳真 02-2708-5182
服務信箱 service@heliopolis.com.tw

廣告回函
台灣北區郵政管理局登記證
北台字第 000370 號
免貼郵票

日月文化集團
讀者服務部 收

10658 台北市信義路三段151號9樓

www.ezbooks.com.tw

對折黏貼後，即可直接郵寄

日月文化集團
HELIOPOLIS
CULTURE GROUP

大好書屋　寶鼎出版　山岳文化　唐莊文化　叢書館　EZ TALK 美語會話誌　EZ Japan 流行日語會話誌

www.ezbooks.com.tw

感謝您購買 帶孩子遊觀光工廠×玩創意×說故事：跟著爸媽的童玩記憶去旅行（書名）

為提供完整服務與快速資訊，請詳細填寫以下資料，傳真至02-2708-5182或免貼郵票寄回，我們將不定期提供您最新資訊及最新優惠。

1.姓名：＿＿＿＿＿＿＿＿ 性別：□男 □女

2.生日：＿＿年＿＿月＿＿日 職業：＿＿＿＿

3.電話：（請務必填寫一種聯絡方式）

（日）＿＿＿＿（夜）＿＿＿＿（手機）＿＿＿＿

4.地址：□□□＿＿＿＿＿＿＿＿

5.電子信箱：＿＿＿＿＿＿＿＿

6.您從何處購買此書？□＿＿＿＿縣/市＿＿＿＿書店/量販超商

□＿＿＿＿網路書店 □書展 □郵購 □其他

7.您何時購買此書？＿＿年＿＿月＿＿日

8.您購買此書的原因：（可複選）

□對書的主題有興趣 □作者 □出版社 □工作所需 □生活所需

□資訊豐富 □價格合理（若不合理，您覺得合理價格應為＿＿＿＿）

□封面/版面編排 □其他＿＿＿＿＿＿＿＿

9.您從何處得知這本書的消息：□書店 □網路／電子報 □量販超商 □報紙

□雜誌 □廣播 □電視 □他人推薦 □其他

10.您對本書的評價：（1.非常滿意 2.滿意 3.普通 4.不滿意 5.非常不滿意）

書名＿＿ 內容＿＿ 封面設計＿＿ 版面編排＿＿ 文/譯筆＿＿

11.您通常以何種方式購書？□書店 □網路 □傳真訂購 □郵政劃撥 □其他

12.您最喜歡在何處買書？

□＿＿＿＿縣/市＿＿＿＿書店/量販超商 □網路書店

13.您希望我們未來出版何種主題的書？

14.您認為本書還須改進的地方？提供我們的建議？

＿＿＿＿＿＿＿＿＿＿＿＿＿＿＿＿

＿＿＿＿＿＿＿＿＿＿＿＿＿＿＿＿

＿＿＿＿＿＿＿＿＿＿＿＿＿＿＿＿

定價
320元

小魚媽、海馬爸創意玩教養
異國家庭教出活潑自信好孩子

姜小魚／著

讓孩子在創意玩樂 X 幸福教養中，成為「自然無污染」的孩子！

姜小魚，一個七年級女子，嫁給一個不太會說中文的老外：海馬，住在一個連郵差都找不到地址的小鄉野，生了兩個混血兒：六歲的小魚萱和四歲的小魚齊，組成一個可愛又甜蜜的家庭。她引用《幸福的味道》書中的一段話：「有一個地方，無論離開多遠，銘刻心中的地圖，總能清楚定位它。有一種味道，無論經過多久，永存腦海的記憶，總能不時重溫幸福感動。」

Choyce 體驗式教養
帶孩子自助旅行 250 天

Choyce ／著

體驗式教養，旅行也能教出好孩子！

作家王文華曾說：作文前，先學會觀察。
當你的孩子沒看過新冒的嫩芽，如何下筆詮釋草地的芬芳？
孩子的人生經驗，直接影響他的談吐、思考及創作力。
親愛的爸媽，不妨用旅行代替叮嚀和責備，趁著孩子學齡前及承受升學壓力之前，盡可能帶他們出去旅行，在所見所聞中，擴展人生經驗，也累積一輩子珍藏的回憶！

定價
300元

生命，
因家庭而大好！

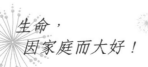

某體放送

交通路線圖

GPS: N23°43'29.8" E120°26'35.3"

國道一號(240K)斗南虎尾交流道下往虎尾方向，沿縣道158直走至縣道145，右轉(加油站)400公尺後看到「萊爾富」走左邊(依舊是縣道145)，200公尺後，在右側。

【興隆直營店】

台中館 台中市龍井區東海村藝術街42號
04-26316617

一中館 台中市北區一中街138號(益民一中商圈)
04-22252466

興隆毛巾觀光工廠
SL Towel Industrial Tourism & Explore Factory
台灣興隆毛巾 健康毛巾博覽．毛巾織造大公開．蛋糕毛巾DIY

不搗蛋、免烤箱 輕鬆做蛋糕
不用冰、可送禮 天天甜心裡

DIY

動動手、動動腦，不搗蛋、免烤箱；
教您輕鬆製作最新、最夯的毛巾蛋糕、毛巾玩偶。

產品：
大頭狗、優格蛋糕、
河馬、招財貓、
冰淇淋、兔子。

工廠導覽

活潑生動的導覽方式，
讓遊客對毛巾織造有初
步的認識。

地　址：雲林縣虎尾鎮埒內里84-1號
電　話：05-6220559
傳　真：05-6223732
官　網：www.sltowel.com.tw

營業時間：
平日 8：30am-5：30pm
假日 8：30am-5：30pm

台灣味噌釀造文化館

優惠資訊：
凡持本券來味噌釀造文化館，購物享8.5折優惠。

蓋章

電話：（04）2532-0279
地址：台中市豐原區西勢路701號
網址：www.weijung.com
使用期限：無限期，限用一次。

味榮 釀造文化館 味噌 SINCE 1950
Miso Cultural Factory

興隆毛巾觀光工廠

優惠資訊：
憑本券於國訂假日至興隆毛巾觀光工廠參加毛巾DIY活動，優惠價100元（原價150元，限非團體使用）。

蓋章

電話：（05）622-0559
地址：雲林縣虎尾鎮埒內里84-1號
網址： www.sltowel.com.tw

興隆毛巾觀光工廠
SL Towel Industrial Tourism & Explore Factory
台灣興隆毛巾 健康毛巾博覽．毛巾織造大公開．蛋糕毛巾DIY

三和瓦窯

優惠資訊：
憑券到高雄大樹磚賣店，享9折優惠。

蓋章

電話：（07）652-1432
地址：高雄市大樹區竹寮路94號
雅虎部落格：http://tw.myblog.yahoo.com/san-333
Facebook：http://www.facebook.com/www84043
使用期限：1年

空間 生活 古早味 三和瓦窯
SAN-HE TILE KILN

觀光工廠

超值COUPON隨書贈

認識傳產・DIY創作・邊玩邊學・親子遊藝童玩好時光！

許新旺陶瓷紀念博物館

優惠資訊：

1.集瓷商品區85折優惠。

2.陶藝DIY活動材料費9折、燒窯費用8折起（依現場作品大小）。

3.以上優惠活動不與其他優惠活動並行。

蓋章

電話：（02）2678-9571#21、22
店址：新北市鶯歌區尖山埔路81號
網址：www.shus.com.tw
服務時間：
週一11：00～18：00（公休日除外）
週二～週日10：00～18：00

Shu's 新旺集瓷 The Shu's Pottery

許新旺陶瓷紀念博物館 Hsin-Wang Shu Ceramics Memorial Mus

國泰玻璃工廠

優惠資訊：

凡購買玻璃製品滿2000元，可享85折優惠（特價品除外）。

蓋章

電話：（037）614-118
地址：苗栗縣竹南鎮新南里24鄰崁頂151號2樓
網址：www.glasspark.com.tw
使用期限：1年

國泰玻璃 Kuo Tai Glass Park

生命，
因家庭而大好！